國立彰化師範大學國學大師叢書

陳 倬 民・李 威 熊總策劃

吳有能・鄭靖時・耿志堅 主編

敦煌石窟寫經生

——潘重規教授

游志誠著

文史哲出版社印行

國家圖書館出版品預行編目資料

敦煌石窟寫經生：潘重規教授 / 游志誠著. --
初版. -- 臺北市：文史哲, 民88
面：　公分. --（國學大師叢書；4）
ISBN 957-549-207-2(平裝)

1. 潘重規 - 傳記 - 2.潘重規 - 學術思想 -
敦煌學 3. 潘重規 - 學術思想 - 中國文學

782.886　　　　88006942

國學大師叢書

陳倬民・李威熊總策劃
吳有能・鄭靖時・耿志堅主編

敦煌石窟寫經生：潘重規教授

著　者：游志誠
出版者：文史哲出版社
登記證字號：行政院新聞局版臺業字五三三七號
發行人：彭正雄
發行所：文史哲出版社
印刷者：文史哲出版社
臺北市羅斯福路一段七十二巷四號
郵政劃撥帳號：一六一八〇一七五
電話 886-2-23511028・傳真 886-2-23965656

實價新臺幣一四〇元

中華民國八十八年四月初版

ISBN 957-549-207-2

潘重規教授近照

潘重規教授與訪問者（游志誠）合照

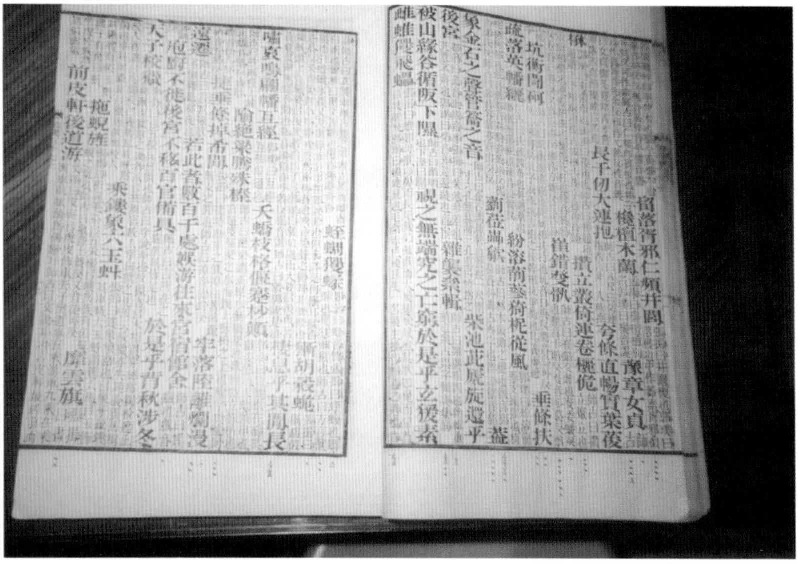

潘重規教授批校的古書

陳序

提到國學，人們很容易會想到遙遠的過去，彷彿研究國學就必然是探討那遙不可及的過去似的。可是如果我們研究古人的目的，是希望跟前輩請益學習的話，那麼我們研究國學，又怎麼可以重古而輕今，獨獨忽略了與自己時空最接近的當代國學大師呢？其實，當代國學大師因爲跟我們時代接近，他們的研究心得或更容易顯出跟我們的相關性，爲此，本校國文系同仁在李教務長威熊、鄭前主任靖時和耿主任志堅領導下，向國學界成績斐然的當代大師五人，一一訪談請教，並加以介紹，完成了國學大師請益計畫。

在這個計劃中，請益的對象包括現代文學作家蘇雪林、文學批評權威王夢鷗、紅學大師潘重規、史學大師陳槃及哲學大師勞思光等五位前輩學人。他們的學問均能獨當一面，而且望重士林，各自在自己的研究領域都有傑出成就。而在這次計畫中，實際負責撰寫工作的同仁有黃忠慎、吳彩娥、游志誠、林明德和吳有能等幾位教授，他們都是學養甚豐，不可多得的人才，通過他們的努力，大師的治學經驗、工作貢獻等等重要項目一一彰顯，讓大家可以見賢思齊，可謂嘉惠學壇，貢獻不少。而李威熊、鄭靖時及耿志堅教授的策劃、統籌，周詳有序，使這次計畫能夠順利完成。現在這套國學大師叢書出版在即，我誠懇的獻上我的祝福與謝意，並希望讀者和我一樣從這套叢書中獲益良多。

國立彰化師範大學校長 **陳倬民** 謹識八十七年十一月

耿序

學問貴乎薪火相傳，這樣才能可久可大。有鑒於此，李教務長威熊教授特別推動執行國學大師請益計畫。希望透過這個計畫，讓大師們能以簡明扼要的方式勾勒出他們的學術成就，同時也向後學略示治學蹊徑，好使大師們豐富的學養，能夠傳承下去，發揚光大。因爲有這個薪火相傳的理想在，我想以「大師薪火—國學大師之訪談及推介」作這個集子的總名，應是最好不過的。

這一個計畫中，我們請了國文系幾位同事，各就自己的專長，依照我們選定的幾位大師，進行這個請益計畫。計畫剛開始的時候，鄭前主任靖時教授統籌執行，奠下堅實的工作基礎，後來因爲鄭教授休假，我們就請吳有能副教授負責實際的編輯工作。現在各人的稿子已經寫就，我依照作者姓名的筆畫多寡，排出這五本書的先後順序，同時，也分別給它們取了書名：

吳有能著：《百家出入心無礙—勞思光教授》

吳彩娥著：《出經入史緒縱橫—王靜芝教授》
林明德著：《文論說部居泰山—王夢鷗教授》
游志誠著：《敦煌石窟寫經生—潘重規教授》
黃忠慎著：《古今文海騎鯨客—蘇雪林教授》

此外，爲了體例的一致，我也稍稍做了一點統稿的工作；但是，由於大師們的專業領域差距很大，各稿內容自亦難以維持形式的一致，而且各位作者的文稿往往又自成理趣，所以我所做的統稿的工作也就只能限於大標題的統一而已。這樣既能使各書約略地構成一個叢書系列，同時又可讓它們的特色分別得以保存。其實，這套叢書的書稿水準都極高，好比芙蓉素面，不待脂粉而脫俗，當然我的統稿工作本屬敷脂施粉，自非淡素娥眉所需了。

國立彰化師範大學國文系主任　**耿志堅**　謹識八十七年十月十八日

敦煌石窟寫經生——潘重規教授

目錄

敦煌石窟寫經生──潘重規教授

指導老師：游志誠
研究生：卓國浚

微茫孔思與周情　入海遺編照眼明
錫我頭銜新署印　敦煌石窟寫經生
（案：潘重規先生民國65年赴法前作）

壹、大師小傳

潘重規，本名潘崇奎，小名夢祥，章太炎先生，期許其如南北朝史學家李重規，所以為之改名重規，後黃季剛先生為之取字：襲善，晚年則自號石禪。民國前四年生（西元一九〇八年），安徽省婺源縣人。

民國十四年夏進入國立東南大學就讀（後易名為國立中央大學），追隨王伯沆、黃季剛兩先生讀書，伯沆先生以理學聞名，並擅長詞章，對紅樓夢亦頗感興趣，潘先生對紅樓夢之研究或許受其影響；而季剛先生爲章太炎先生之嫡傳，在其衆多弟子當中，對潘先生特別賞賜，將其長女許配給潘先生，民國十九年大學畢業後，於武昌湖北高中任教三年餘，後因季剛先生的鼓勵，返回中央大學中文系擔任助教，（民國廿六年）隨侍季剛先生讀書，打下厚實的國學基礎。廿八年轉任三台國立東北大學中文系，並開始編輯《釋文韻編》（至民國卅年編成，民國六十九年始在臺出版），同年因姜亮夫教授之機緣而接觸敦煌學（寫本《尚書釋文》），發表〈敦煌寫本尚書釋文殘卷跋〉，正式踏入敦煌學之領域。民國卅一年，轉任四川大學，主持中文系務，常與川中耆宿向先喬、林山腴、趙少咸、龐石帚等先生往來。抗戰勝利，先後任職上海暨南大學、安慶安徽大學，民國三十七年冬，赤禍漫延，戰火瀰漫，交通斷絕，恰巧有一空船欲往九江，潘先生乃決定離開安慶前往九江，再經南昌轉往江西贛州，臨別悲感，離情依依，潘先生作詩一首，以褚體楷法抄寫於一宣紙之上，上有黃念容、潘錦等二十五人的留念簽名。其文如下：

中華民國三十七年十二月廿五日余將歸省皖庠，諸生置酒爲別，率賦短章，用伸長想。婺源潘重規

歲晏臨岐酒不醺，干戈滿地惜離羣。

莫愁霰雪彌天至，手把寒梅贈與君。（文末有二十五人之簽名）

民國三十七年轉任廣州私立文化大學，旋往香港文化大學分校任職，雖名爲大學，卻是補習學校，學生少、設備差，潘先生一人兼教務長、教授、書記、工友數職。後因同門龔慕蘭、高明先生和高鴻縉主任之請，於民國三十九年來臺至臺灣師範學院任教，彼時，因學風貶抑經學爲開倒車，爲現代化的絆腳石，乃寫下〈一個嚴正的表示〉，並利用課餘於每周日上午八至十時，爲社會大衆講解經書，弘揚經學之要旨，原本只是利用一間小教室講解儒家經書，後因反應熱烈不得不改至大禮堂上課，當時前往聽課的民衆包括學生、小販、軍公教人員、立法委員、國大代表等，不避寒暑千里而來，將大禮堂擠得水泄不通，當時學社負責人曾建議潘先生將課程改至晚上以便利聽衆，潘先生予以堅拒並說：「我講經書是要證明讀經是不是有害國家社會的建設？或有益國家社會的建設？我的見解假如不正確，登了廣告，發了消息，便要負犧牲聽衆時間、精神的責任。如果改在夜晚，便須浪費學校財力，消耗政府能源。我空手登臺，聽衆隨意聽講，聽得愜意，不妨會心微笑；感到不滿，盡可揚長而去。彼此問心，誰都沒有虧欠誰。」

民國四十年五月二十二日應臺大中文系之邀作專題演講，講題：「民族血淚鑄成的《紅樓夢》」，提出：「《紅樓夢》確是一部用隱語書寫亡國隱痛的隱書。作者的意志是反清復明，賈寶玉是代表傳國璽，代表政權；林黛玉影射明代，薛寶釵影射清室，林薛爭取寶玉，即是明清爭取政權，林薛的得失，即是明清的興亡。」更斷言：「《紅樓夢》的原作者不是曹雪芹，全書不是曹雪芹的自敘傳，後四十回也不是高鶚續作。」完全否定胡適三十餘年來的考證成果。後胡適先生在《反攻雜誌》第46期發表〈答潘夏先生論《紅樓夢》的一封信〉指責潘先生仍是索隱式的笨猜謎，後潘先生仍於《反攻雜誌》發表文章回覆胡適之說，這一場紅樓夢論戰，轟動一時，打破三十年來「胡適時代」的紅學，對紅樓夢作者為曹雪芹，這幾乎公認之問題提出爆炸性的看法，為繼蔡元培先生以後索隱派紅學之大將。

而後建議師範體系之學程必修四書，編訂高中國文教材，親手創設臺灣師範學院國文研究所，對臺灣之國文教育有深遠之影響。民國四十五年，因有志於推廣海外華文教育，也想設法援救身陷大陸之親友，與蘇雪林先生同赴新加坡南洋大學任教，四十六年，因參加西德麻堡國際漢學會議和慕尼黑國際東方學會議之便，至歐洲各大圖書館訪書，寫成《敦煌詩經卷子研究論文集》，並通校姜亮夫《瀛涯敦煌韻輯》，並於五十八年完成《瀛涯敦煌韻輯新編》。六十二年於香港中文大學退休後來臺，同年至列寧格勒訪書完成《列寧格勒十日記》。六十五年至巴黎參加漢學會議，因行李遺失，研究計畫全無，而通校僅存於西裝口袋之《雲謠集》，完成《敦煌雲謠集新書》，潘先生自謂因禍得福。六十六年，創辦《敦煌學》雜誌，無論國內外之文章均以中文發表，以利敦煌學術之流傳，先生言：「敦煌遺書是中國文化學術的遺產，儘管全世界的學者用各種文字來發表、研究他的成果，我們必須使他中國化，將一切資料譯成中文。我們研究敦煌學，是要使現代人和後代人能接受此一寶藏遺產，所以我們必須使他現代化，使現代研閱的人一目了然。」並於文化學院開設敦煌學研究之課程，且領導文化學院之學生編成《敦煌俗字譜》，而發現《龍龕手鑑》為校讀敦煌卷子的最佳工具書，對敦煌學界而言是一劃時代的重要成就，因此發現，方能破除寫卷文字障礙，顯現敦煌文書的眞正價值，一掃將敦煌文書視之為惡本訛字的錯誤觀念。七十一年通校王重民等所輯《敦煌變文集》，完成《敦煌變文集新書》。最近之專著有完成於八十三年之《敦煌壇經新書》。潘老師曾獲法國法蘭西學術院漢學茹蓮獎，韓國嶺南大學榮譽文學博士。學術領域層面廣袤，以敦煌學和索隱派紅學最受學術界注意與肯定。

貳、請益專訪

專訪一：

問題一、潘老師民國廿八年到三台國立東北大學中文系任教，開始編輯《釋文韻編》（至民國卅年始編成，民國六十九年始在臺出版），同年因姜亮夫教授之機緣而接觸敦煌學，發表〈敦煌寫本尚書釋文殘卷跋〉，正式踏入敦煌學之領域，想請潘老師談談這段影響深遠之往事？

潘：民國廿八年秋，我應聘往川北三台縣東北大學中文系任教，結識姜亮夫，姜先生因留學法國之時協助王重民先生整理敦煌資料中有關文字聲韻之部份，於其留法之二、三年中獲得非常豐富關於敦煌寫卷之資料，抗戰時返國就任教於東北大學中文系，擔任系主任的職務。

我初至三台就遇到空襲，與協助擔行李之傭人躲避至琴泉寺的石洞中。當時四川縣政府亦於琴泉寺辦公，我所暫住的石洞隔壁是死囚拘留所，因此才入洞想要休息之時便遭公差詢問，也因此得知琴泉寺外北門璞莊袁老太爺處可能有地方可供租住，我隔天清晨即前往拜訪，袁老太爺原本不肯，後來因爲言談之間言及先岳祖黃雲鵠先生曾任四川雅州府知府和按察使（相當於現在的高等法院院長），袁老太爺說：「原來我們四川人說的黃青天，就是你的岳祖父。」便馬上吩咐下人挪出南樓房的兩間房子供我夫婦兩人居住。當時三台大學之老師們躲空襲警報均至璞莊，而且璞莊之環境亦十分宜人，姜亮夫先生便拜託我說項也搬至璞莊同住，我們便成了鄰居。姜先生一日興起，將陸德明尙書釋文殘卷的照片給我，這照片爲伯斯和得之於中國，羅振玉曾有專文研究過此殘卷，我當時對這些研究成果並未注意，就寫成了〈敦煌寫本尙書釋文殘卷跋〉一文，發表在東北大學學報《志林》，當時任職於四川大學中文系之向宗魯先生（爲王叔岷、王利器先生之老師），特別寫了一封長信給我，大加讚賞。但是自此之後姜先生便不再將其所藏之敦煌資料給我。（游志誠老師問：不知姜亮夫先生當時多大歲數？）當時我大概卅二歲，姜先生大概大我十歲。

我在東北大學任職時曾於暑假中開過一兩個月的飯館，請了一個廚師，賣些燒餅油條麵食類的東西。當時四川人開飯館習慣在店裡掛些對聯，如「未晚先投宿、雞鳴早看天」之類的，當時我店裡掛的聯都是我自己寫的，我還記得一聯：「歸耕歸隱今無地，賣餅賣漿古有人。」後來我應向宗魯先生之邀至四川大學任教。（游志誠老師問：向宗魯先生有《文選古校本》一書，現在屈守元先生手裡，其中記載此書曾給太老師（黃季剛先生）看過，並說向先生是章黃派，不知道老師曉不曉得這件事？）向宗魯先生大約大我七、八歲，我到四川大學的隔年就過世了，應該沒見過黃先生，應該不是章黃派。至於屈守元的那本書我就不十分清楚，可能眞的給黃先生看過也不一定。

關於《釋文韻編》一書，是我當時躲空襲時在防空洞裡編成的，花了大概二、三年的時間。當時我特別釘了一個木箱專門放這些卡片，空襲時傭人便揹著木箱跑，我就利用這段時間斷斷續續的編，編成後，資料留在大陸由我母親保管。直到六十九年才出版，關於這件事我曾經寫過一篇文章（《經典釋文韻編》成書記），你們可以參考看看。（案：此文發表於《國文天地》，七卷九期，一九九二年二月，頁五八—六〇）

問題二、民國四十六年，先生因參加西德麻堡國際漢學會議和慕尼黑國際東方學會議，至歐洲各大圖書館訪書寫成《敦煌詩卷子研究論文集》，並通校姜亮夫《瀛涯敦煌韻輯》，終於五十八年完成《瀛涯敦煌韻輯新編》，這段校書歷程似有一段插曲，想請潘老師談談？

潘：姜亮夫先生曾對我說過，《瀛涯敦煌韻輯》的寫卷他曾經讀過好幾遍，又有臨本，連線條花紋都校得一清二楚，並說王國維錯五百多條，劉半農錯二千多條，我深信不疑以爲必是用心之作，不應有誤。民國五十六年秋天，我到巴黎閱讀敦煌卷子，鄰座有位日本學者馬淵和夫教授，當時日本研究敦煌學之學者與中國研究者之人數比約爲十比一，這位日本教授，一個星期以來每天都拿著姜亮夫先生的《瀛涯敦煌韻輯》，與寫卷一一核對，我心裡很感納悶。後來這位日本學者走後，我很好奇就借了這份資料看看，沒想到第一行就錯了，原卷是「刊謬補缺切韻序　朝議郎衢州信安縣尉王仁昫字德溫新撰定」，姜先生不但漏抄，還在序文前擅加了「王仁昫序」四字，因此我才決心將姜亮夫先生的書通校一遍，發現其錯校約有二千餘條。就這樣一直到五十八年才完成《瀛涯敦煌韻輯新編》。

問題三：民國六十二年列寧格勒之旅，於當時之國情，進入與我國無邦交之共產國家，無異拿自己的身家性命開玩笑，不知潘老師當時何以甘冒此險而執意成行？

潘：當時臺灣還沒解嚴，私自前往共產國家回來是要槍斃的。當時我在巴黎很多好友都勸我別去，但是當時蘇聯藏有12000號的敦煌卷子和卅五本紅樓夢寫本，我要成行之前一天，在公園散步還被一隻小鳥拉了屎在頭上，這在中國人的傳統觀念裡是十分忌諱的，那天晚上，我整夜在旅館的房間裡走來走去，最後還是不顧一切直飛列寧格勒。

當時我參加巴黎的國際東方學會議，並發表兩篇論文，一篇是關於紅樓夢，另一篇是敦煌變文雙恩記。孟西科夫教授當時負責管理蘇聯敦煌卷子和寫本紅樓夢，因其爲猶太裔受蘇聯人之歧視，無法參加該次會議，而我的論文又跟他所研究之領域相似，所以寫了一封信邀請我去參觀他的資料，我回了一封信告訴他，說我在七月廿六日會議結束後，搭八月八日的飛機，在下午四點到達列寧格勒，但是出發前卻一直沒收到他的回信，我硬著頭皮前往，但是他卻到黑海度假去了。苦等數天，直到八月十三日上午十點才進入東方研究所看到紅樓夢寫本，但是僅看了一天，孟西科夫的領導人就不准我再看，所幸孟氏爲我再寫報告申請，但是十天中我僅有三天的時間可以閱讀這些寶貴的資料，這三天我放棄午餐，不吃不喝，拚命的閱讀抄寫，我自己心裡想：「人生吃飯的機會太多，異域閱讀異書的機會太少，千辛萬苦換來十幾小時的讀書機會，豈肯爲了吃飯而耽誤。」而這三天中所得之資料後來卻發表數萬字的論文。而且發現蘇聯所藏之紅樓夢寫本，並非如孟西科夫所言：「抄本是以御製詩集的襯紙做稿紙，以詩集做襯葉」。推斷抄本是用普通竹紙做稿紙，後因批閱既久，書葉中縫裂開，於是收藏者重新裝釘，乃拆開御製詩集做襯葉，又因竹紙太薄，於是將御製詩集反摺，以免詩集中的文字透過竹紙影響閱讀，此一發現十分重要，因影響及於此抄本之年代，如照孟西科夫之說，以乾隆御製詩集的襯頁作稿紙，此書第五集完成於乾隆六十年，則此抄本之年代必在乾隆六十年之後，而實際上確是以普通竹紙爲稿紙，僅重裝時以其反面爲襯葉，則其年代遠在乾隆六十年之前。

問題四、近數年來之國學界，普遍流行以西洋之新興理論來解讀中國古代典籍之研究法，以潘老師做爲當代國學大師之身分，來看這些研究成果不知有何感言？

潘：西洋之文學理論有其局限性，畢竟國情不同文化背景差異性又大，如果直接作橫向之移植來研究中國之學術，或許會得到錯誤的結果。我以爲應該先作適當的衡量、選擇和消化，以避免犯下類似之錯誤。

問題五、今之中文研究生的國學素養大不如前，想請教潘老師覺得哪些典籍是身爲一位中文研究者所當精讀熟通的？

潘：十三經、四史，都應該看過一遍。當時我在湖北高中服務，武漢大學也要聘我當兼任教授，黃季剛先生一聲令下要我回中央大學擔任助教，其原因便是要打好我的根柢。我回中央大學之後黃先生便要我將十三經、四史和《經典釋文》，圈點一遍。（潘老師這時還將其當年所圈點之書拿出一本供游老師和我觀看，以朱筆所圈點之書上有潘老師用端楷書寫之眉批，游老師認爲資料珍貴並爲之拍照留念。）

問題六、潘老師力主「紅樓夢是一部用隱語寫亡國隱痛的隱書」。其眞精神是「炎黃虞夏以來，經過千災萬難，永不低頭的中華民族的靈魂」。以爲風月寶鑑，乃取「清風明月」之隱語，寄寓反清復明之旨。此說爲潘老師與胡適論戰時所主，不知事經多年，新的資料，新的研究層出不窮，潘老師亦復累積多年之研究心得，是否依舊主此說？有否新的發現？

潘：學術研究當有自己之看法，要不斷的尋求證據來支持自己的論點，除非有充足證據加以否定，否則便應堅持到底。我參加紅學會議時，便有人提出質疑，以爲全世界百分之九十九的人已經認爲紅樓夢的作者是曹雪芹，爲什麼我還堅持是反清復明之士的作品。我當時便回答他：對我所提出的證據我敢與所有與會之學者辯論，如果我所提之證據有任何訛誤我便承認我的看法是錯的，如果沒有，我還是堅持我的論點。八十三年九月我曾在《國文天地》發表〈從曹雪芹的生卒年談紅樓夢的作者〉，我的看法並未改變。

問題七、潘老師晚年以石禪爲號，八十三年又出版《敦煌壇經新書》，不知這是對敦煌變文中佛教講唱變文研究之延續，或是另開一扇佛學研究之學術大門？一位中文研究生當如何看待佛學這個學術領域？

潘：這本書包含倫敦和北京的敦煌卷子，向達的鈔本和日本龍谷大學的照片，附冊部分則有我的兩篇短文。（潘老師這時詢問我們是否有此書，游老師早已持有，我回答：沒有。潘老師旋即起身拿《敦煌壇經新書》和附冊各一贈予我，這時已是傍晚六點，這次訪問已歷經兩個小時，游老師怕高齡九十一歲的潘老師太過勞累，在與潘老師合影之後便結束了此次的訪問。臨行潘老師十分愼重的詢問：在事先已先行影印給潘老師的專訪問題集中，有哪些已回答？有哪些尚未回答？我心想：潘老師治學嚴謹，其人生態度亦是如此精審，這種大師風範，正是我們這些初探學術領域所最欠缺的，「高山仰止，景行行止」，雖不能至，吾心嚮往焉。）

專訪二：

問題一、陳寅恪言：「敦煌學者，吾國學術之傷心史也。」然近年來於港臺三地敦煌學已漸成顯學，研究之風頗盛，但對「敦煌學」之定義卻莫衷一是。姜亮夫言：敦煌學的內涵，當以敦煌遺書和石窟藝術爲主，而以古長城殘垣、烽燧遺跡所出簡牘及高昌一代之文物爲之輔（〈敦煌學之文書研究〉）。而於〈敦煌學必須容納的一些古蹟文物〉一文中再提出補充：敦煌地區所發現的漢竹簡，漢以來的絹、紙日用品及一切雜器物、寺塔乃至於長城的磚石等，都是敦煌學中不可少的從屬物。林家平、寧強、羅華度合著《試論敦煌學的概念範圍及其特點》則指出概念內涵當有三個層次：甲、敦煌地區遺存至今的文獻文物資料。乙、對這些文獻文物的整理研究。丙、指導這些研究的科學理論。涵蓋層面甚廣亦頗詳贍。然劉進寶〈試論敦煌學及其研究對象〉中則又提出反對此說之看法言：所謂敦煌學，就是指以敦煌遺書、敦煌石窟藝術、敦煌學理論爲主，兼及敦煌史地爲對象的一門學科。另有周一良於〈何謂敦煌學〉一文中則獨排眾議言：「敦煌學」不是有內在規律、成體系、有系統的一門學科。用固有名詞構成的某某學又給人不太愉快的聯想，所以最好是讓他永遠留在引號中吧！想請教潘老師敦煌學的定義？

潘：敦煌所發現之資料，有別於現存刻本之善本書，因刻本印刷文書爲印刷術發明之後的資料，而敦煌文書乃是在印刷術發明前的手寫資料，爲現存最早的文書資料，這些資料所包含之範圍非常廣泛，即如經、史、子、集、儒、釋、道、各家乃至於中亞、西亞、波斯的資料均包含其中，因此所謂敦煌學即是以敦煌所發現之資料爲主，由其所發展出的學術即爲敦煌學。

問題二、欲入敦煌學堂奧者有哪些必讀和必備之書籍？

潘：要研究任何學問，最重要的就是文字，要研究英文便應熟悉英文，研究波斯文書便應先通波斯文，要研究敦煌學便應先瞭解敦煌文字的特色。敦煌文書中的文字爲手寫文字，要研究敦煌寫本便應先對其時代文書特色作深入之瞭解，敦煌手寫文字爲抄書人所寫，其中如代、伐二字未分，因此早期研究敦煌學的學者如羅振玉、王國維，均認爲其爲訛誤惡本，不具參考價值，認爲抄寫者之知識程度普遍不高，因此錯字連篇，所以對敦煌寫本之內容常據己意予以妄改。然而敦煌寫本有其文字特色是這些學者所不知的。如一般學者以爲卄即草，合兩個艹字即爲莽。然而敦煌文書中所抄寫之文字卻不同於一般之見解，合二個艹即爲菩薩二字的連寫，合六個十即爲菩薩菩薩的意思，而合八個十其意思乃是涅盤。這是早期接觸敦煌文書的大學者所不知的。因其不知其中之奧妙，所以不明敦煌文書之價值。其實文字之使用是約定俗成的，以現今的觀點來看敦煌寫本當然覺得訛誤滿篇。然而據我多年來研究的心得，其實敦煌文書中的文字即是當時約定俗成的俗寫文字，即以嶺字爲例，書聖王羲之寫蘭亭序中「崇山峻領」，領字即少寫了山字，其實這正是六朝及唐人俗寫文字的特色，即以現在的簡體字爲例，也存有很多大家約定俗成的簡體字，當然這些字寫在考卷上是會被扣分的，但是想想，這些簡體字卻是大陸方面的官方文字，其中的對錯是很難區分的。也因此，敦煌寫本不應認定其爲錯的，正是六朝唐人通俗文字，也是大家約定俗成的通用字而非寫白字，寫錯字。因爲這項發現，重新肯定敦煌文書之價值。也因此項發現，我又發現了另一部重要書籍——《龍龕手鑑》。這本書清朝學者以爲滿篇錯誤，應當焚之，我卻發現此書的編撰即以六朝唐人俗寫文字爲底本，編寫而成，其用意乃在於提供佛門弟子校讀手寫佛經之用，我編輯《龍龕手鑑新編》即是將其分別部居，以利研究敦煌學者查閱敦煌俗寫文字之用。

問題三、想請潘老師對現在的研究生開示一個讀書的方法？

潘：讀書要逐字逐句的讀，像面對一張白紙一樣，清楚明白的瞭解它。至於讀些什麼書？中國人有中國人讀書的方法，西方人有西方研讀的方法。研究中國學問，《十三經注疏》，《四史》，是要逐字逐句的讀過的，這是最基本的。

問題四、一九九六年大陸出版了陸宗達先生的書中提到，黃季剛先生曾批點十三經白文，並將該書贈與陸先生收藏，不知道老師是否知道這件事情？

潘：季剛先生有很多書和手卷現還存在武漢大學中文系，陸宗達先生現在是在北京師範大學，這件事我就不大清楚。倒是上海古籍出版社出版的季剛先生批點的書，由季剛先生姪兒黃焯先生整理出版，其實這些書爲當時季剛先生交給我整理的，後來因爲戰爭，我到安徽等地教書，我便將《十三經注疏》交回黃先生家裡，後來黃焯先生才將該書交由出版社印出，黃先生以爲上面的條例是黃先生加的，其實是我加的，一直以來我並未提起這件事。

問題五、潘老師《敦煌雲謠集新書》全書以端楷抄寫，字體雅勁，似取歐法，兼參文徵明處亦頗多。潘老師研究敦煌寫本甚早，字中卻無抄經體甜俗疏散之風格，想請教潘老師書學之淵源？

潘：三體石經和蘭亭序我都寫過。

問題六、潘老師於敦煌學校注方面所下之功夫實罕有匹敵者，想請教潘老師有志於校書者當具備那些學養和基本的精神與態度？

潘：校書最重要的便是要細心的校，不能心存成見，就像一張白紙一樣，不能先存敦煌寫本滿紙訛誤之心，那所校之結果定將爲偏頗之見。（關於校書以三例爲證之說不知潘老師以爲如何？）一切當以得當和正確性爲主，得當雖一例亦非常重要，不得當雖三百例也是錯的。關於從事校書的基本學養還是文字學。（關於推音以求的校法，是否較不適合於敦煌學？）這倒不一定，其權衡還要看實際的例子。

問題七、潘老師投入學界已逾一甲子，積多年研究之心得，亦閱盡學界諸多良莠現象，想請潘老師對初探學術領域之後生如我等予以一些忠言與期勉？並提示一些研究之方向以資參考。

潘：我不能說一定要研究什麼學問，提供大家一條怎樣的研究路線，因為每個時代與環境不同，每個人研究的興趣也不一樣，不能夠說給予一個限制。但是研究中國的學問，應明瞭其學問領域之基本資料，如研究臺灣，便不能不知從鄭成功來臺灣到連雅堂先生《臺灣通史》這一段歷史的史料，但是不管你研究的是古或今，最基本的書籍還是要精熟的，如《十三經》《四史》。當然以今日的時代學風來說，完全讀完似乎不太可能，但是至少應讀完一部分。

問題八、想請教潘老師，以潘老師的觀點來看中國學術之發展，當以何種方向才是正統？

潘：現在不管大陸或臺灣的學術研究，都想延續中國學術，我不能以個人意見來評定其優劣，只要是中國學術的研究都應當受重視的，當然我們也不應墨守舊有典籍，有新資料出現時便當盡力去研究，這些研究成果都是中國學術發展中不可或缺的。

問題九、季剛先生批評研究甲骨文和今文學者，以為研究中國文字當以《說文》為主，不知潘老師以為如何？

潘：研究中國文字根柢在《說文》這是季剛先生的說法沒錯，但是說季剛先生反對研究甲骨文和今文，那是錯的，我便能提出最佳之反證，我跟隨季剛先生唸書時，那時羅振玉先生從日本印回一些甲骨文和金文資料，季剛先生買不到，僅圖書館有一部，季剛先生便要我摹抄，直到買到後才停止摹抄工作。當時在南京的學者中，季剛先生是第一位買這種書的人。那時在中央大學教甲骨文的教授，胡小石先生，他用的書就是跟季剛先生借的。所以說季剛先生不瞭解甲骨文或反對甲骨文那是不對的。

案：在兩次專訪中親摯潘老師自然表露的謙謙儒風，學問與德行雙修，正可為初探中國學術領域者之典範。最後，潘老師在訪談中慨言：「最近年紀大了，無法上圖書館找資料。」語氣中略含感嘆，但也正可呈顯其對學術研究的摯愛之情。接著又說：「我一輩子的研究，如果能對中華民族有所貢獻，那我便了無遺憾了。」其謙沖之德，溢於言表。「見賢思齊」，應是此次請益專訪的最大心得。

參、學術成果推介

書名：《敦煌壇經新書》

作者於其另一部書引言中說：「新書以舊書爲基礎，舊書也包含在新書之中。不僅增添舊書以外的材料，也提出我個人的新說法。新舊同時陳列，讀者展卷瞭然。新舊材料的異同，自可明察；新舊說法的是非，自易判斷。」誠然，學術並非個人事業，而是大家同心合作不斷修訂的創造歷程，今日之研究，可補充前人之不足，明日學者的研究成果，亦可校定今日之過失。有鑑於此，作者數部校勘之書名，均以「新編」或「新書」命名，即取此意。

本書爲作者於民國八十三年完成之新作，分《敦煌壇經新書》和《敦煌壇經新書附冊》二部分。本書部分，分三章：緒言、敦煌壇經校記、敦煌壇經新書。後附敦煌壇經照片：倫敦藏斯五四七五號卷子、北京圖書館藏八〇二四號卷子、向達手鈔敦煌市博物館藏伍子宜本、日本龍谷大學藏大谷光瑞本照片。附冊部分則收錄作者的二篇論文：〈敦煌《六祖壇經》

讀後管見〉、〈敦煌寫本《六祖壇經》中的「獦獠」〉，和謝清佳先生的代序、王俊寒先生的評介。本書中之前三章全以端楷謄寫，作者完成此書時，已高齡八十六，然全書無一懈筆，字字挺勁，雖師承民初大書家沈尹默，然少其挺秀媚姿而更顯質樸古厚，頗見個人之面目。此書之原稿，現為謝清佳先生所珍藏。作者寫此書，只求流通，不計報酬，雖有出版商欲代出版，但均為作者所婉拒，而委託謝清佳等辦理，由佛陀教育基金會印贈有緣人，廣為流通。

敦煌寫本壇經，因書寫之習慣與後世差異性較大，歷來都以為抄寫訛誤，對其評價不高。宋人以為鄙俗繁雜，民國以來亦是如此。如伍繼愈《敦煌壇經寫本．跋》言：「敦煌本壇經錯字別字，連篇累牘，說明傳抄者的文化水平不高。」日本學者如矢吹慶輝、鈴木大拙等更名之為「惡本」。因此，研究敦煌學學者，視之為滿目謬誤的惡本，抱著鄙視淺劣抄手的心理，常自以為是，盲目竄改，造成研究敦煌寫本的一大障礙。作者以其長期涉獵敦煌寫本之心得，更憑藉有編輯《敦煌俗字譜》，闡明《龍龕手鑑》的堅實研究成果，旁徵博引，仔細推敲，發現寫本中以為訛誤的文字，實際上是當時約定俗成的文字，且其中存有一定的變形原則，如麼作磨、摩，此同音通假之例，又如外甥，作⿰夕生甥、⿰夕男甥，外字有「⿰夕生、⿰夕男」二個通用字，又如依、於通用，衣、依、於亦通用，諸、知、之三字亦互相通用，因此，如果不通曉敦煌文字的書寫習慣，是很難讀通敦煌寫本的，讀不通自然視之為「惡本」，訛誤百出。

關於敦煌寫本之書寫習慣，作者於〈敦煌卷子俗寫文字與俗文字之研究〉一文中，歸納出有字形無定、偏旁無定、繁簡無定、行單無定、通假無定、標點無定等條例，並輔證以《龍龕手鑑》，證明敦煌寫本使用文字，正是當時通行文字，非部分敦煌學者眼中之惡本訛字。確定敦煌寫本壇經之價值，亦即肯定作者以寫本校壇經非以惡本訛字為校，亦因此，作者校此書始有其可能性與價值性。

確定敦煌寫本的抄寫價值，宜再考寫本壇經之年代。因此，作者首對倫敦壇經寫本等四個抄本，進行一番考證，引印順法師之言，並比較卷首、題記發現，抄寫此本壇經者，可能是和悟眞同時的南宋弟子，或即是法海道漈的門人。其年代約為西元七四〇年前後。為嶺南弟子之私抄本，供私人保存與清修典範之用，自非後來傳入北方已經竄改之他本可比，其珍貴性與眞實性是不容懷疑的。又敦煌寫本壇經一氣寫下，未分章節，與劃分章節的後世刻本不同。刻本經後人潤飾，分出章節，雜糅事蹟，一再更改與原本愈去愈遠，敦煌寫本只有一萬二千字，至明藏本已二萬一千字，其中增添附會可想而知。且敦煌寫本文字質樸，近於口語，較接近於六祖講經筆錄之原貌，相對於刻本的文言、潤色自是不同。如敦煌本云：「使君問：『法可不是西國第一祖達磨祖師宗旨？』大師言：『是。』『弟子見說達磨大師化梁

附圖一　敦煌壇經校記

敦煌壇經校記

敦煌寫本六祖壇經，現藏倫敦不列顛圖書館，編目為斯五四七五號。日本大正新修大正藏，按原本不分章節校定，編入第四十八冊。日本學者鈴木貞太郎、公田連太郎分章節的校定本刊行後，並收入民國普慧大藏經。流通行世，逾數十年。此外尚存世的敦煌寫本：一為北京圖書館藏八〇二四號首尾不全本。一為敦煌市博物館所藏任子宜本。一為旅順博物館原藏大谷光瑞本。大谷光瑞本現

•47• 敦煌壇經校記

敦煌壇經校記

南宗頓教最上大乘摩訶般敦煌市博物館藏任子宜本（以下簡稱敦博本）般作「波」。若波羅蜜經六祖惠能大師於韶州大梵寺施法壇經一卷倫敦藏敦煌本（斯五四七五號）「六祖惠能」起提行。

兼受無相戒弘法弟子法海集記倫敦本「兼受無相」項格，空二格書戒字。敦博本「兼受無相」下亦空二格書戒字。案「戒」字當與上「無相」連屬，與「弘法弟子」分開。又敦煌俗寫受、授不分，受當改授。

惠能大師於大梵寺講堂中昇高座說摩訶般若波羅蜜法受無相戒「受」當作「授」。興聖寺本作「授無相戒」。其時座下僧尼道俗一萬餘人韶州刺史等據「等」當作「韋」，大谷光瑞本「等」作「韋」。敦博本作「違處」

武帝，帝問達摩朕一生已來，造寺布施供養，有功德否』？」惠昕本作：「韋公曰：『和尚所說，可不是達摩大師宗旨乎？』師曰：『是。』公曰：『弟子聞達摩初化梁武帝，帝問曰：朕一生造寺供僧，布施設齋，有何功德』？」惠昕本於「可不是達摩大師宗旨」下加「乎」字，「大師言是」下加「公曰」、「弟子見說達磨」改為「弟子聞達摩」，皆潤色口語而成文言，由此更可證明敦煌本確是現存行世最早的寫本，亦是最接近原本的寫本。

作者為此《敦煌壇經新書》乃旨在破除文字障，使百世之下讀者如親聆六祖之佛說，關於校訂文字部分，〈敦煌壇經校記〉論之甚詳。《敦煌壇經新書》為校勘後的校訂本，此書的問世，正是作者深厚敦煌學養的展現，亦因其書之問世，四種重要壇經照片得與國人見面，其無私的治學胸襟令人感佩，而更重要者為重新肯定敦煌寫本之價值，復原《壇經》原始質樸之風貌，一掃文字障，使唯一為中國人編寫的佛教經典《壇經》能以原本素樸之風貌，呈顯於國人面前。以下附作者以端楷抄寫之原跡，與讀者同沐其謙謙儒風。

書名：《龍龕手鑑新編》

《郡齋讀書志》卷一下載《龍龕手鑑三卷》云：

右契丹僧行均撰。凡二萬六千四百三十字。注十六萬三千一百餘字。僧智光爲之後題云：統和十五年丁酉。按：紀年通譜邪律隆緒嘗改元統和、丁酉，至道三年也。沈存中言契丹書禁甚嚴，傳入中國者，法皆死。熙寧中有人自虜中得此書，入傳欽之家。蒲傳正帥浙西取以刻板。其末題云：重熙三年序。蒲公削去之今本乃云統和非重熙，豈存中不見舊題，妄記之邪。

對該書字數之統計與傳刻之情況有明白之記載。然而此書在清人眼中，卻是訛誤滿篇的惡札。錢大昕跋《龍龕手鑑》云：

六書之學，莫善於說文，始一終亥之部，自字林玉篇以至類篇，莫之改也。自沙門行均龍龕手鑑出，以意分部，依四聲爲次，平聲九十七部，上聲六十部，去聲二十六部，入聲五十九部，始金終不，以雜部殿焉。每部又以四聲次之，計二萬六千四百三十餘字。其中文攴不分，臼臼莫辨，耑呰入於山部，鬬鬥入於門部，糞粪入於米部，瓢瓟入於爪部。以几爲部首，而讀武平反；以工爲部首，而讀徒侯反；以歺爲部首，而讀居淩反。滳音商，而又音都歷反，則混商於商；鑴音子泉反，而又音户圭反，則混嶲於雋。辝則多辛複出，弓則弓雜兩收。不多歪甭孬，本里俗之妄談；𡾋有忈止上卡，悉魚豕之訛字。而皆繁徵博引，汙我簡編。指事形聲之法，掃地盡矣！

李慈銘《越縵堂讀書記》抨擊尤烈，其言：

此書俗謬怪妄，不可究詰，全不知形聲偏旁之誼，又轉寫譌亂，徒淆心目，轉滋俗惑，直是廢書，不可用也。其書本名龍龕手鏡，宋人避諱改爲鑑耳。其部居誤認偏旁，不必論矣。且如既有瓦部，而𤭛甂甗等字皆入凡部，字俱从凡。既有瓜部，而瓠瓢瓤瓣瓟等字皆入爪部，字俱从爪，此類蓋亦不勝究詰，特以其爲宋以前字書，墜文佚義或間有存者，披沙揀金，聊供采穫，故好古者亦頗蓄之，然其誤人實不淺也。

而本書之作者，實爲《龍龕手鑑》之知音，其於另一部書《敦煌俗字譜》序中言：

又遼僧行均《龍龕手鑑》一書，自錢大昕、李慈銘以下，抨擊嗤鄙，譏爲廢書。……

實則諸氏所指斥者，皆寫本俗書之眞相。行均撰書，遠在宋初，蓋根據寫本而成。諸氏所驚詫呵斥者，正當時寫本之實況。今取敦煌俗字以證《龍龕手鑑》，而《手鑑》明；以《龍龕手鑑》證敦煌俗字，而敦煌俗字明。

此實爲敦煌學研究領域中一重大之發現，將被譏爲廢書的《龍龕手鑑》，發現其重要價值，而成校讀敦煌寫本之重要書籍，如此之眞知灼見，若非沈浸甚久，反覆研究，是無法竟其功的，作者自其研究中發現《手鑑》的二個重要特色與敦煌寫本是相通的。

一、分別部居與寫本相應

《手鑑》明顯有瓦凡、瓜爪、衣示方、爿牛、日肉、亻彳、尢兀、广疒、文支攴、肉月等字兼攝均通的現象，因此《手鑑》中牆作⿰牛嗇、廟作⿸疒朝、優作⿰彳憂，此種俗寫文字混淆的現象，無不與敦煌寫本相同，俗體文字通行，寫本亦奉爲典要，行均作此書之原始動機，即因於抄寫佛經俗訛害義，於是編寫《手鑑》以應檢索，歸復佛典的原貌，以免因誤解文義曲解經文。

二、獨有文字與寫本相應

部份敦煌寫本所見異體歧出文字，往往不見於其他字書，然而《龍龕手鑑》卻獨有。如外作⿰夕生、⿰夕男。掘作⿰扌去。俱作伹。叫作⿰口召、吋、⿰口斗。另有俗寫合文，亦不見於其他字書，如卄爲菩薩之合文，𦬋爲菩提之合文，☰☷爲乾坤二字之合文。此均《龍龕手鑑》收錄文字與敦煌寫本相應之明證。

《龍龕手鑑》雖然原爲佛徒據佛藏寫本編成的字書，然對俗寫文字與梵系標音資料的保存，有極大之貢獻。作者於該書序中言：

> 今舉世皆讀刻板書，而敦煌寫本獨存，欲求行均上人，斷不可再得，是則謂龍龕手鑑即敦煌寫本專造之字書可也。清儒不見敦煌遺書，未明眞相，橫加詆譭，遂使龍龕手鑑之功效，鬱千載而不彰。今幸得窺其奧蘊，使後之學者取敦煌寫本以證手鑑而手鑑明；取手鑑以證敦煌寫本而寫本明，行均編集之功於是爲不唐捐矣！惟是手鑑之爲書，分別部居，排比文字，既非據形繫聯，閱讀尤難檢索。爲求顯其特色，盡其功效，不辭僭越，爲之新編，以字爲經，按筆畫多寡，爲之索引。條例既明，檢求自易。末附敦煌寫本俗字對照表，覽者可覩一時手寫文字之風貌，亦以存一代寫本之異文，有求之古今字書而不可得者，於此表而出之，誠快事也！

《龍龕手鑑》一書之價値與功用至顯矣！

書名：《紅樓夢新解》

是書完成於民國七十九年（一九九〇年），全書由〈《紅樓夢》新解〉、〈胡適《紅樓夢考證》質疑〉、〈脂評《紅樓夢》新探〉、〈《紅樓夢》的作者和有關曹雪芹的新材料〉、〈《紅樓夢》答問〉、〈怎樣讀《紅樓夢》〉六篇論文所組成。其主要觀點：《紅樓夢》是一部運用隱語抒寫亡國隱痛的隱書。其主要意志是反清復明。賈寶玉是代表傳國璽、代表政權，林黛玉影射明朝，薛寶釵影射清室。林薛爭取寶玉，即是明清爭取政權，林薛的得失，即是明清的興亡。賈府指斥僞朝，賈政指斥僞政。書中對賈府施以無情的攻擊，爬灰養小叔，即文太后下嫁多爾袞的醜行。寶玉嗜食胭脂，胭脂即印泥之暗示，正合寶玉爲傳國璽之隱語。對《紅樓夢》之作者爲曹雪芹之說，則在多方搜羅版本與資料後，否定了胡適先生前八十回爲曹雪芹之作，後四十回爲高鶚所補的說法，而提出《紅樓夢》是一部漢族志士用隱語寫隱痛隱事的隱書，應非旗人曹雪芹所作。一如其自言：

假如我們看清楚這書的時代背景，鑑定這是一部民族搏鬥下的產物，熟識黑暗時代大眾默認的革命術語，我們再細讀此書時，耳中便彷彿聽見民族志士的呼號，眼中便彷佛看見民族志士的血淚。至於《紅樓夢》在文學上的成就，無疑的，它已經在競走場中奪得了錦標。如果事後發現這個奪錦標的選手，並非和同伴同樣的空著手競走，而且還揹著一個極沉重的包袱，我們對這個任重道遠的選手，除了驚訝他超羣絕倫，越發加深崇敬外，還有什麼可說呢！（頁九）

作者自中學始，即爲紅迷，熟讀《紅樓夢》之內文，曾爲之愛不釋手，廢寢忘餐，自非不明《紅樓夢》其於文學上超凡之成就，然全本《紅樓夢》，言年月朝代處，竟無大清字樣，藏頭露尾，閃爍言詞，怎不令人「羣疑滿腹，衆難塞胸」。故作者亦言：

我們還須熟讀深思，涵詠全書描寫的內容和結構；我們還須高瞻遠矚，洞觀整個時代和文學傳統的歷史背景，庶幾能體會到《紅樓夢》作者的苦心，纔不致抹殺這一段民族精神的眞面目。（《紅樓夢新解》頁八）

一、《紅樓夢》新解

作者以爲《紅樓夢》，「以肉眼看此書的表層，無疑的，是一部精妙絕倫的言情小說；

但是，如以慧眼觀照，通過這悱惻動人的兒女深情，還可以觀察到作者嗚咽的、傾瀉著民族興亡的血淚。」因於此，作者先舉周樹人《小說史略》之文，所列舉之說法主要有：

1. 姜宸英——納蘭成德家事說。
2. 王夢阮、沈瓶庵——清世祖與董鄂妃故事說。
3. 徐時棟、蔡元培——康熙朝政治狀態說。
4. 胡適——曹雪芹自敘說。

作者細玩全書之後，覺得《紅樓夢》是一位民族主義者的血淚結晶。並支持蔡元培先生：「作者持民族主義甚摯，書中本事，在弔明之亡，揭清之失，而尤於漢族名士仕清者，寓痛惜之意。」以爲是十分正確的觀察，對蔡氏以「紅」影「朱」，以「賈」斥「僞」之說，並無疑義，但以「石頭」指「金陵」，以「黛玉影朱彝尊，王熙鳳影余國柱」等則不能苟同。以下則以《紅樓夢》第一回爲之說明，其主要論點：「風月寶鑑」，「風月」二字，爲「清風明月」之意，寓有反清復明之意，寶玉所含之玉上鐫「莫失莫忘，仙壽恒昌」八字，與《吳書》所載漢傳國璽上「受命於天，阮壽永昌」意義類似，爲寶玉爲傳國璽之輔證。另以襲人爲「龍衣人」爲包玉璽之錦，蔣玉函爲置玉璽之匣，襲人與玉涵婚後所居之「紫檀堡」正言明此匣爲紫檀之材質。而於十六回探病秦鐘時，透過判官之口言：「放屁！俗話說得好，天下官管天下民，陰陽並無二理。別管他陰，也別管他陽，沒有錯了的。」因一句「寶玉來了」嚇倒鬼判，將秦鐘之魂放回，且鬼判之言「天下官管天下民」，正因寶玉爲傳國璽之尊，貴爲天子之身分。並引《說文》：「朱，赤心木，松柏屬」，以明朱爲林木之屬爲明朝之代表。寶釵之「釵」字爲又金，正滿清之遠祖，以明其代表清朝。其住所蘅蕪院匾額「蘅芷清芬」更將「清」字直接點出，此作者蘸著血淚，用隱語抒寫愛國隱痛的苦心，我們不應該忍心將他抹殺。

此文之後段又舉胡適〈跋乾隆庚辰本脂硯齋重評石頭記鈔本〉一文中，胡氏所言《紅樓夢》作者避「寅」字諱，而以「嗚鐘已敲了四下」代之，證明作者爲曹雪芹，避其祖父曹寅之諱的說法，予以駁斥，其所舉爲廿六回薛蟠誤「唐寅」爲「庚黃」之事，反證作者斷不是曹雪芹，又舉版本、史料爲之駁難，最後之結論爲「他（指紅樓夢作者）確確實實是我們炎黃虞夏以來經過千災萬難、永不低頭的中華民族的靈魂。」

二、胡適〈紅樓夢考證〉質疑

此文下分四個子題：1.考證《紅樓夢》的方法問題；2.曹家的家世問題；3.《紅樓夢》前八十回和後四十回的問題；4.結論。

關於考證方法，作者首先提出胡適的「歷史的傳記的考證方法」與自己的「笨猜謎」並無二致。胡氏之結論為：「《紅樓夢》是一部隱去眞事的自敘，裏面的甄賈兩寶玉即是曹雪芹自己的化身，甄賈兩府即是當日曹家的影子。」由此看來，胡氏之考證依然為猜謎。只是作者猜測之謎底不同，寶玉代表傳國璽，林薛代表明清的興亡。其從拆字隱語和玉璽大小二方面駁斥胡適之說，如舉南宋遺老鄭思肖，思肖即「思趙」之意，其居室「本穴世界」即「大宋世界」，其書「大木無工空經」即「大宋經」，以明隱語藝術，乃中國文字傳統的習慣，非《紅樓夢》作者所獨創之技巧，且清初文字獄之熾烈更有利隱語使用之環境。故其言：「在清初這一段時期，無論是文人學者和江湖豪俠，凡懷抱反抗異族的志士，都是利用『隱語式』的工具在異族控制下秘密活動。」（頁卅三）故以隱語方式表達民族的沉痛，乃自然的情勢。至於胡適以科學眼光駁斥之語「試問一個嬰兒初生之時嘴裏能啣方圓四寸的東西嗎？」則引第一回之言以明此寶玉可任意伸縮、變化大小，又引《戚蓼生本》第八回之文「今註明此故，方無胎中之兒，口有多大，怎能啣此狼犺蠢物等語謗余之談！」為之反駁。

關於曹家的家世問題。胡適先生以為《石頭記》是「曹雪芹的自敘傳」，是「一部將眞事隱去的自敘的書」，「曹雪芹即是《紅樓夢》開端時那個深自懺悔的我，即是書裏甄賈（眞假）兩個寶玉的底本。」（《胡適文存》卷三〈紅樓夢考證〉），作者則附和蔡元培先生之說，以賈頫未曾官至學差和《戚蓼生本》第四回之註文為之駁證。

又關於前八十回和後四十回的問題。胡適先生主張後四十回爲高鶚補作，其於〈紅樓夢考證〉一文中言：

這段歷史裏有一個大可研究的問題，就是後四十回的著者究竟是誰？俞樾的《小浮梅閒話》裏考證《紅樓夢》的一條說：「《船山詩草》有〈贈高蘭墅鶚同年〉一首云：『艷情人自說紅樓。』註云：『《紅樓夢》八十回以後，俱蘭墅所補。』然則此書非出一手。按鄉會試增五言八韻詩，始乾隆朝，而書中敍科場事已有詩，則其爲高君所補，可證矣。」俞氏這一段話極重要。他不但證明了程排本作序的高鶚是實有其人，還使我知道《紅樓夢》後四十回是高鶚補的，……後四十回是高鶚補的，這話自無可疑。我們可約舉幾層證據如下：第一、張問陶的詩及註，此爲最明白的證據。第二、「俞樾舉的鄉會試增五言八韻詩始乾隆朝，而書中敍科場事已有詩」一項。這一項不十分可靠，因爲鄉會試用律詩，起於乾隆二十一、二年，也許那時《紅樓夢》前八十回還沒有做成呢！第三、程序說先得二十餘卷，後又在鼓擔上得十餘卷。此話便是作僞的鐵證，因爲世間沒有這樣奇巧的事！第四、高鶚自己的序，說得很含糊，字裏行間都使人生疑。大概他不願完全埋沒他補作的苦心，故引言第六條說：「是書開卷略誌數語，非云弁首，實因殘缺有年，一旦顛末畢具，大快人心。欣然題名，聊以記成書之幸。」因爲高鶚不諱他補作的事，故張船山贈詩直說他補作後四十回的事。但這些證據固然重要，總不如內容的研究更可以證明後四十回與前八十回絕不是一個人作的。我的朋友俞平伯先生，曾舉出三個理由來證明後四十回的回目也是高鶚補作的。他的三個理由是：㈠和第一回自敘的話都不合；㈡史湘雲的丟開；㈢不合作文的程序。這三層之中，第三層姑且不論。第一層是很顯明的：《紅樓夢》的開端明說「一技無成，半生潦倒」；明說「蓬牖茅椽，繩牀瓦竈」；豈有到了末尾說寶玉出家成仙之理？第二層也很可注意。第三十一的回目「因麒麟伏白首雙星」確是可怪！依此句看來，史湘雲後來似乎應該與寶玉做夫婦，不應該此語全無照應。以此看來，我們可以推想後四十回不是曹雪芹做的了。

作者則舉程偉元（字小泉）和高鶚（字蘭墅）的序文，以及程高的引言，爲之駁難，其文如下：

程偉元序

《石頭記》是此書原名，作者相傳不一，究未知出自何人。惟書中記曹雪芹先生刪改數過，好事者每傳鈔一部，置廟市中，昂其值得數十金，可謂不脛而走者矣。然原本目錄一百二十卷，今所藏祇八十卷，殊非全本；即間有稱全部者，及檢閱仍祇八十卷，讀者頗以爲憾。不佞以是書既有百二十卷之目，豈無全璧，爰爲竭力搜羅，自藏書家甚至故紙堆中，無不留心。數年以來，僅積有二十餘卷。一日，偶於鼓擔上得十餘卷，遂重價購之。欣然繙閱，見其前後起伏，尚屬接榫，然漶漫不可收拾，乃同友人細加釐剔，截長補短，鈔成全部，復爲鐫版，以公同好。《石頭記》全書至是始告成矣。書成，因並誌其緣起，以告海內君子。凡我同人，或亦先覩爲快者歟！小泉程偉元識。

高鶚序

予聞《紅樓夢》膾炙人口者廿餘年，然無全璧，無定本。向從友人借觀，竊以染指嘗鼎爲憾。今年春，友人程子小泉過予，以所購全書見示，且曰：「此僕多年銖積寸累之苦心，將付剞劂公同好。子閒且憊矣，盍分任之？」予以是書雖稗官野史之流，然尚不謬於名教，欣然拜諾，正以波斯奴見寶爲幸，遂襄其役。工既竣，並識端末，以告閱者。時乾隆辛亥（一七九一）年冬至後五日鐵嶺高鶚敍並書。

程小泉高鶚引言

(一)是書前八十回，藏書家抄錄傳閱，幾三十年矣。今得後四十回合完成璧。緣友人借抄爭覩者甚夥，抄錄固難，刊版亦需時日，姑集活字刷印。因急欲公諸同好，故初印時不及細校，間有紕繆。今復聚集各原本，詳加校閱，改訂無訛。惟閱者諒之。

㈡書中前八十回，抄本各家互異，今廣集核勘，準情酌理，補遺訂訛。其間或有增損數字處，意在便於披閱，非敢誇勝前人也。

㈢是書沿傳既久，坊間繕本及諸家所藏秘稿，繁簡歧出，前後錯見。即如六十七回此有彼無，題同文異，燕石莫辨。茲惟擇其文理較協者，取爲定本。

㈣書中後四十回係就歷年所得，集腋成裘，更無他本可考。惟按其前後關照者，略微修輯，使其有應接而無矛盾。至其原文，未敢臆改。俟再得善本，更加釐定，且不欲盡掩其面目也。小泉蘭墅又識。

作者之結論爲高鶚僅是「細加釐剔，截長補短，鈔成全部」，並非補作。

結語處，作者自言「總之，這一切的不同看法，只因爲我是一個愛好《紅樓夢》的讀者，既不願埋沒原作者的用心，也不願抹殺《紅樓夢》的眞價值。我熱誠期待一切珍貴的指教，爲了解決我個人的疑團，爲了揭開《紅樓夢》的眞相！」（頁六十八），眞理愈辯愈明，我等當珍惜這不同視角，對《紅樓夢》的解讀。

三、脂評《紅樓夢》新探

此文分爲三節，首敍脂評本的概況，次敍脂硯齋是誰？結以我對脂評的看法。

關於脂評之概況，作者以爲廣義的說脂硯齋系統的本子，共有五個，如下所引：

㈠乾隆十九年甲戌（一七五四）脂硯齋抄閱再評本（簡稱甲戌本）大興劉銓福原藏，後來轉歸胡適。殘存十六回，一至八，十三至十六，二十五至二十八。

㈡乾隆二十四年己卯（一七五九）冬月脂硯齋四閱評本(簡稱己卯本)陶心如藏。殘存三十八回，一至二十，三十一至四十，六十一至七十回，內缺六十四、六十七兩回，後經抄配。

㈢乾隆二十五年庚辰（一七六〇）秋脂硯齋四閱評本（簡稱庚辰本）北京徐星曙原藏，後歸燕京大學圖書館。一九五五年文學古籍刊行社影印。凡七十八回，缺六十四、六十七兩回。

㈣乾隆四十九年甲辰（一七八四）菊月夢覺主人序本（簡稱甲辰本）近年在山西發現，凡八十回。

㈤有正書局石印戚蓼生序本（簡稱有正本）德清戚蓼生原藏，後歸狄平子。凡八十回，重抄付印，底本已毀，原來年代不明。有正兩次石印，一種大字本，一種小字本。

而其脂批之存量，據周汝昌《紅樓夢新證》一書所統計，其結果如下：

第一回至第九回　有評
第十回、第十一回　無評（俞說：己卯有夾批若干條）
第十二回至廿八回　有評
第廿九回至卅二回　無評
第卅三回至五十八回　有評
第五十九回　無評
第六十、六十一回　有評
第六十二回　無評
第六十三回至六十六回　有評
第六十七回至六十九回　無評
第七十回至八十回　有評

眉批中硃筆署名共有四人，脂硯、梅溪、松齋、畸笏。梅溪、松齋僅有一條，多出脂硯、畸笏二人之手。作者言：「綜合現存脂本的材料，可以知道脂批自乾隆十九年甲戌，直到乾隆三十九年甲午，二十年間，每隔數年，迤迤邐邐，不斷有批語加進去，纔成為現在脂批的樣子。」（頁七十三）

關於脂硯齋是誰？胡適於〈考證紅樓夢的新材料〉一文中言：「脂硯齋是曹雪芹很親的族人，第十三回所記寧國府的事即是他家的事，他大概是雪芹的嫡堂兄弟或從堂弟兄——也許是曹顒或曹頎的兒子。松齋似是他的表字，脂硯齋是他的別號。」後來，胡氏在看過庚辰本脂批之後，又言：「現在我看見了此本，我相信脂硯齋即是那位愛吃胭脂的寶玉，即是曹雪芹自己。」俞平伯則以為「眞的脂評，有作者的手筆在內。但這並不等於說脂硯齋即曹雪芹。」關於畸笏則以其口氣非常老氣橫秋，認為其當是比雪芹行輩要尊的老者，與脂硯齋並非同一人。周汝昌則以為脂硯齋當為女人，應為書中之主人——史湘雲。

關於作者對脂評的看法，則以為脂硯齋是曹雪芹，或是史湘雲，均是將囈語當實話，是「評書人受小說刺激感染的幻化」（頁八十三）。而提出脂硯齋是一位出身仕宦的旗人，是一個濡染華風和講究禮教的讀書人，其世途偃蹇，頗不得志，哪有絲毫賈寶玉、史湘雲的氣息。

四、《紅樓夢》的作者和有關曹雪芹的新材料

全文共分三節：了解《紅樓夢》的先決問題。《紅樓夢》的作者。《紅樓夢》的主旨。

關於了解《紅樓夢》的先決問題，作者以為欲了解這部鉅作的主旨，首先要了解這部書的作者和作者所處的時代。這是決定文學作品內容不可缺少的重要步驟，並舉徐述夔〈詠正

德杯〉詩中「大明天子重相見，且把壺兒擱半邊」爲之輔證。

關於《紅樓夢》的作者，其主要之論點仍反駁作者爲曹雪芹之說，前引俞平伯《紅樓夢研究》，顯示俞氏早年力主曹雪芹之說，已漸生懷疑。續引證與曹雪芹同輩之友人爲之駁證，其主要之立論爲〈考稗小記〉中之一則：

> 故宮新發現曹家奏摺有二，余祇獲睹其一。（規案：此指曹頫的手摺。）其第二摺，仍藏故宮博物院。按康熙於曹寅在時，曾命其自寫密摺，而五十七年六月初二日又命曹頫「照爾父密密奏聞」，則曹頫奏摺，必出己手。可注意者，曹頫此摺之小楷酷似庚辰本《紅樓夢》脂硯齋批中之若干條。

如此條札記可信，曹頫在康熙末或稍後曾手抄《紅樓夢》，那時雪芹尚未誕生，或正在襁褓中，自然《紅樓夢》的作者更不可能是曹雪芹了。

關於《紅樓夢》的主旨，「滿紙荒唐言，一把辛酸淚；都云作者癡，誰解其中味。」「作者懷抱著無限苦心，無窮熱淚，憑空構造一部言情小說，借兒女深情，寫成一部用隱語寓亡國隱痛的隱書，保存民族興亡的史實，傳達民族蘊積的沉哀，想衝破查禁焚阬的網羅，

告訴失去了自由的並世異時的無數同胞，指示他們趨向自救的光明大道。」（頁一四九）

五、《紅樓夢》答問

此文主要在解答：寶玉影射傳國璽之謎，林黛玉、薛寶釵之謎，隱痛、隱事、隱語、隱書，三個問題，全文採問答題之方式，或是一場學術會議或演講的記實，所引用之資料，大部分與前舉數篇論文相同，此處略而不述。

六、怎樣讀《紅樓夢》

這是一篇三千字的短文，旨在向青年同學介紹《紅樓夢》這一本書，提出「切」「慢」「細」三字訣。

綜觀全書，雖分為六篇，然其旨意卻是相貫串的，一如其於〈脂評《紅樓夢》新探〉之結語：

> 我讀《紅樓夢》，認為《紅樓夢》確是一部含有亡國隱痛，用隱語傳達隱事的隱書，是由於看出在異族箝制之下，作者蘸著血淚著書的苦心，所以書中表現出隱約吞吐，迷離惝怳，似矛盾而實非矛盾，似不合情理而實至合情理之處。我們知道《紅樓夢》的原作者不是曹雪芹，然後知道書中的賈府不是曹家而是偽朝，所有一切《紅樓夢》

時地人物命名的疑團，都可迎刃而解。最後，我們知道眞正的科學精神歷史考證的方法：除了根據可靠的版本，可靠的材料，除了著眼曹雪芹一家的家事之外，還須涵詠全書描寫的內容和結構，還須高瞻遠矚，洞觀整個時代和文學傳統的歷史背景；庶幾纔能了解《紅樓夢》這部書的眞價值，纔不致抹殺這一段民族精神的眞面目！

書名：《樂府詩粹箋》

此書寫成於民國五十二年，爲潘老師任教於廣州時之教科書。己丑年之舊作《手抄樂府詩集古辭》改訂而成。全書除序外，共分漢饒歌、相和曲、平調曲、瑟調曲、楚調曲、雜曲歌辭、吳聲歌曲、神弦歌、西曲歌、雜曲歌辭、梁鼓角横吹曲等十一種歌曲，每一分項下，分別選錄一至十二首不等的歌詩，共計有詩五十一首。其中以《楚調曲》最少僅〈白頭吟〉一首，而《吳聲歌曲》最多有〈子夜歌〉〈子夜四時歌〉等十二首。其於序中自言：

> 比歲息肩香澥，講習之暇，因取舊稿略加刪訂，其所採摭，以漢樂府爲主，兼及魏晉南北朝樂府民歌，大抵皆當時可以弦歌樂舞之詩，亦予所謂備體至美之詩，蓋詩歌之

主流也。

由此可知，其所採摭之詩，爲漢及魏晉之際可以弦歌樂舞之歌詩。而中國詩學浩瀚，自詩經乃至於清詩，其篇帙龐博，作者何以獨取此段之詩，其於序中有一段精彩之陳述：

樂府之詩，抒眞感，敍實事，羽翼乎音樂歌舞，信爲詩中最美之作，故李延年每爲新聲變曲，起舞而歌，聞者莫不感動，職此故耳。然周代以前之樂舞詩，訂於孔子，成爲中國之經典，而漢代之樂舞詩，篇目雖著錄於七略漢志，自郊祀歌外，於民間樂府不錄一字，至沈約宋書始稍稍收錄於正史。厥後學詩者惟知歌頌曹王，追蹤顏謝，而於具體至美之樂府詩，轉聽其或沉或浮，不甚愛惜。及宋郭茂倩掇拾遺佚於史志暨諸家樂錄，又採文士之擬作，由是樂府詩乃有漸臻完備之總集。然數百年來校理註釋其書者，蓋罕值其人，以視詩經之傳箋疏釋，卷帙紛披者，其寂寞爲何如也。

樂府此民間之歌謠，歷來未受文人之重視，被摒棄於正統文學之外，具法眼者僅郭茂倩一人，居功厥偉。然同爲民間歌謠集，《玉臺新詠》因少孔門經典之光環輝照而顯得落寞，相較於《詩經》注疏之汗牛充棟，其寂寞之情顯見矣。然此僅就其外圍資料論說，未見樂府詩之內在價值，故序中又言：

余嘗以爲樂府詩不獨爲詩之精髓，且亦爲新詩蕃殖之根亥。良以樂府詩多采民歌，復諧聲樂，民歌發乎天籟，樂調流轉無方，故樂府詩之句法結構，長短參差，可以多方嘗試，於是種種新體，得以孕育滋生，吾國漢魏以後之各種詩體，蓋無不導源於樂府。即今後欲創造中國新詩體者，亦必洞明詩歌與樂舞之密切關係。（《樂府詩粹箋》頁一三）

如此之論，實已提升漢魏樂府之地位與《詩經》同高，如此提高民間文學之地位，實自孔子授《詩經》後所獨見，非有大魄力大見識者，何能發此言？故其自言：「期得吸收古今歌詩之精華，開闢未來新詩之途徑」，實爲我等當努力之方向。

全書之體例均先引詩之全文，後詳加注疏，注疏所引之書籍包含廣泛，作者學識之淵博可見一斑。注疏之後並有「重規案」的作者案語，如〈戰城南〉〈有所思〉〈上邪〉等，短者僅數十字，長者近三百字；亦有未加案語而轉引他人之見爲案語者，如〈長歌行〉引朱嘉徵之說，〈白頭吟〉引陳太初之言。亦有僅予注疏未加案語者，自《吳聲歌曲》以下之詩均屬此類，如〈上聲歌〉〈歡聞歌〉等。以下試舉一篇以明作者治學嚴謹之態度。

艷歌行㈠

翩翩堂前燕，冬藏夏來見㈡。兄弟兩三人，流宕在他縣。故衣誰當補，新衣誰當綻。賴得賢主人，覽取爲吾組㈢。夫婿㈣從門來，斜柯西北眄㈤。語卿且勿眄，水清石自見㈥。石見何纍纍，遠行不如歸㈦。

㈠樂府詩集云：「古今樂錄曰：『艷歌行非一，有直云艷歌，即艷歌行是也。若羅敷、何嘗、雙鴻、福鍾等行，亦皆艷歌。』樂府解題曰：『古辭云：翩翩堂前燕，冬藏夏來見，言燕尚冬藏夏來，兄弟反流宕他縣，主婦爲綻衣服，其夫見而疑之也。』」

㈡禮記月令：「仲春之月，玄鳥至；仲秋之月，玄鳥歸。」鄭玄注曰：「玄鳥，燕也。」重規案：漢書武帝紀：「太初元年，夏五月，正歷，以正月爲歲首。」師古曰：「謂以建寅之月爲正也。未正歷之前，謂建亥之月爲正。」據此，正歷前之夏，即正歷後之春；正歷前之冬，即正歷後之秋。此詩不曰春去秋來，而言冬藏夏見，殆爲漢武改元以前之作歟？李因篤曰：「起二句如六義之興，以見久旅忘歸，不及梁燕之知時也。」

㊂說文：「袓，補縫也。」（丈莧反。）段玉裁注云：「補者，完衣也。古者衣縫解曰袓，見衣部，今俗所謂綻也。以鍼補之曰袓。內則云：『衣裳綻裂，紉鍼請補綴，』是也。引申之，不必故衣亦曰縫袓。古艷歌行曰：『故衣誰當補，新衣誰當綻，賴得賢主人，覽取爲我袓。』謂故衣誰則補之，新衣誰則縫之，賴有賢主婦見而爲補縫之也。綻字古亦作袓，淺人改之。」重規案：詩避重字，故前作綻，後作袓（廣韻集韻袓並同綻）。猶詩邶風谷風篇「不我能慉，反以我爲讎，既阻我德，賈用不售，」售即讎之別體。前作讎，後作售，即其先例。三百篇類此者多矣。

㊃夫壻，女主人之夫也。

㊄柯一作倚。黃晦聞先生曰：「案梁簡文遙望詩：『斜柯插玉簪，』畢曜情人玉清歌：『善踏斜柯能獨立。』段成式聯句：『斜柯欲近人，』則斜柯原是古語，當爲欹斜之意。」說文：「眄：一曰，衺視也。秦語。」

㊅語卿二句，客曉居停婦夫之詞，言卿勿猜疑，水清石自現也。漢書項籍傳注：「卿，時人相褒尊之辭。」

㊆沈德潛曰：「水清石見，心蹟固明矣。然豈如歸去爲得計乎？」

重規案：此篇蓋羈旅愁苦之辭。近人或以爲男女艷歌，或以爲夫疑其妻之什，似皆未喻作者之意。篇首以燕燕起興，謂弟兄東西流宕，不及梁燕知時。羈旅既久，衣襦將敝，因歎曰：故衣破裂，誰當爲之補綴乎？新衣欲裁，誰當爲之縫紉乎？居停主婦見而憫之，爲之縫綴，斯猶流沙遠涉，忽遇涓泉；飢渴連朝，得餐薄粥。冰天雪地中猶有微微溫煦，未極生人之至艱者，賴有此耳！乃受者方感至誠，施者本無他意，而夫壻歸來，斜柯睨視，猜疑之情，形於顏色。羈客見之，眞欲辛酸徹骨，惟有心口相語曰：「我欲語君幸勿斜睨相猜也！我心皎潔終當顯明，猶水清石自現露也。」雖然，縱使石現纍纍，心事大白，已不勝猜嫌之苦，何如歸去之爲得乎？客子畏人，繁憂總集，讀此詩竟，不禁涕下如綆。

書名：《敦煌俗字譜》

此書完成於民國六十七年，時作者任教於中國文化學院(現文化大學)中國文學研究所，是本敦煌俗字字典，其編輯方式頗類同於現坊間流行之書法字典。全書分成六個部分：

一、序

二、編輯說明

三、部首總表

四、部首檢字表

五、敦煌俗字譜

六、附表

「敦煌俗字譜」爲其中最主要的部分，爲全書之重心。其主要之取材爲國立中央圖書館藏的《敦煌卷子》和神田熹郎編的《敦煌秘籍留眞新編》，其編輯之體例，試舉一例以明之：

0332
埠

垍 258 中30 上5

埠 091 秘24 左8

（《敦煌俗字譜》頁五十二）

0332爲本書正字之編號，0332即爲本書之第三百三十二個正字，第一個「埠」即正字，亦即標準字。下列「垍」「埠」二個敦煌俗字。「垍」字下 258 中30 上5，其中，中30代表中央圖書館藏《敦煌卷子》第三十卷，258代表頁碼，上5代表上面欄的第五行。「埠」字下 091 秘24 左8，其中，秘24代表《敦煌秘籍留眞新編》第廿四卷，091代表頁碼，左8代表左邊欄第八行。全書共計有正字二千五百四十六個，敦煌俗字初步估計約有三萬餘字。其工程之浩大、編輯之艱辛，可想而知，然書成之後，嘉惠敦煌學領域之學者，其功甚鉅。

《顏氏家訓．雜藝篇》云：

> 晉宋以來，多能書者。故其時俗，遞相染尚，所有部帙，楷正可觀，不無俗字，非爲大損。至梁天監之間，斯風未變。大同之末，訛替滋生。蕭子雲改易字體，邵陵王頹行僞字，前上爲草，能旁作長之類是也。朝野翕然，以爲楷式，畫虎不成，多所傷敗。至爲一字，唯見數點，或妄斟酌，遂便轉移。爾後墳籍，略不可看。北朝喪亂之餘，書籍鄙陋。加以專輒造字，猥拙甚於江南。乃以百念爲憂，言反爲變，不用爲罷，追來爲歸，更生爲蘇，先人爲老，如此非一，遍滿經綸。

敦煌卷子乃六朝迄五代寫本，正此時期之作品，鈔寫文字，無空體可循，故訛誤百出，甚至不可卒讀。一如作者之研究成果中，偏旁混淆一項言之，就有禾耒不分，宀穴不分，广疒不分，木扌不分，木爿不分，商啇不分，衣示不分，亻彳不分，氵冫不分，弋戈不分，卯卬不分，日目不分，曰四不分，后舌不分，艹竹不分，忄巾不分，予矛不分，干于不分，土士不分，北比不分，其甚不分，如此多之混淆情形，若非精研甚久，焉能知其中之奧秘，然而若於閱讀敦煌卷子時，不明乎此，文字之障礙未除，如何能善知其原義，《敦煌俗字譜》一書，即提供如此之便利，其字典似的編輯方式，爲欲檢索敦煌俗字之正字者，提供最大之便利。

　而通曉敦煌抄寫文字其主要功用爲何？或以爲敦煌殘卷較之官修刻本，訛誤百出，既然已明刻本之文字，又何必大費周章，學習敦煌俗字分辨之法。但是，敦煌文書不僅經籍而已，其中尚含有大量如契約、賬單、題記等社會民俗之資料，如不明俗字訛變之理，如何從事研究之工作。又現今所見之最佳刻本多宋版善本，次之者明刻本，欲知唐以前之書籍原貌，不得不求之寫本，寫本之發現正塡補了這段歷史，是欲明六朝至五代各類書籍的最佳資料。捨敦煌卷子以爲是惡本訛誤之作的學者，是不智的。敦煌寫本有二至三萬卷，其內容包括經籍、文學、宗教、史地、美術、音樂、社會、經濟、法制、民族的重要資料，其年代約由西元四世紀至十世紀，若不通曉俗字之條理原則，則將如何能讀這數量龐大、年代久遠的材料，《敦煌俗字譜》之作，正爲此研究之基礎與先鋒。雖然民初，國學大師陳寅恪先生曾感慨的說：「敦煌學者，吾國學術之傷心史也。」又說：「敦煌在吾國境內，所出經典又以中文爲多，吾國敦煌學著作，較之他國較獨少，其撰述得列於世界敦煌學著作之林者，僅三數人而已！」然而由於作者多年來投注於敦煌學術之研究成果，兼以本書的編書，《敦煌學雜誌》的創辦，「敦煌學研究」課程的開設，敦煌學術之研究已在臺灣生根、開花、結果，民國六十五年法國法蘭西學術院漢學茹蓮獎的頒贈，正是對作者學術成就的最高肯定。

敦煌俗字其與現通行漢字，其差異性到底有多大，以下試從其書中摘引數例製成一表加以說明。

正體字	敦煌俗字	本書頁碼
並	竝	一
享	亯	五
僕	僕	一四
叟	叜	三五
察	察	七三
德	徳	九九
旅	旅	一四〇
筋	筋	二三二
膝	脨	二六四
遂	遂	三三三
麥	麦	三八六
事	事	三
佛	仏	七
冥	冥	二〇
嗅	嗅	四四
審	審	七四
惡	悪	一〇六
爛	爛	一九三
算	筭、笇	二三三
虐	虐	二八五
隸	隸	三五八
菩薩	𦬇、卄	三九一
人	至	五
侵	㑴	九
剎	刹	二三
嗣	孠	四四
從	従	九六
惱	惱	一〇八
礙	㝵	二二一
罰	罸、罰	二五〇
象	𫠣	三一一
體	軆	三七七
菩提	𦬇	三九一

書名：《亭林詩考索》

全書共收單篇論文九篇：〈亭林詩發微〉〈亭林詩鉤沉〉〈亭林隱語詩覈論〉〈亭林元日詩表微〉〈亭林詩文用南明唐王隆武紀年考〉〈朝鮮李朝著述中反清復明之思想〉〈顧亭林詩自注發微〉〈亭林先生獨奉唐王詩表微〉〈顧詩講義續補序〉，後有〈後記〉一篇和附錄〈黃晦聞先生顧詩講義〉。據其後記所載本書之前四篇曾於卅年前結集成冊，由香港新亞研究所印行。八十年由三民書局重印，增補後五篇和後記、附錄而成此書，隔年十二月始正式發行出版，書名仍卅年前舊名：《亭林詩考索》。

一、亭林詩發微

清康熙、雍正、乾隆三帝，以深沉之智慧，毒辣之手段，屢興文字獄，控制思想，焚燬史料，以箝制學者之思想與行動。漢族志士不得不以隱曲之語，來傳遞訊息，延續民族之命脈。黃梨洲言：「猶幸野制遙傳，苦語難銷，此耿耿者明滅於爛紙昏墨之餘，九原可作，地起泥香，庸詎知史亡而後詩作乎？」（《南雷文集．萬履安詩序》）此隱語式之詩作，其來有自。作者更以其研究心得提出，亭林詩之隱語爲：韻目式的隱語詩。

文中對五卷的亭林詩集有精嚴之考證。其所論之版本有清末徐嘉撰《顧詩箋注》十七卷，注解詳贍。所據爲梁清標本。另有鈔本《蔣山傭詩集》（亭林先生亡國後，自號蔣山傭），出於亭林先生之原稿，爲較完整的集子，較刻本多〈聞嘯〉〈元日〉〈歲九月虁〉〈贈于副將元凱〉〈江上〉〈陽虁引〉〈元日〉七首詩，爲韻目式隱語的完整詩篇。作者並將顧詩所用韻目代語製成一簡表，如左：

廣韻韻目	代語	備註	廣韻韻目	代語	備註	廣韻韻目	代語	備註
東	隆	本韻字	冬	東	鄰韻字	支	夷	鄰韻字
微	飛	本韻字	虞	胡	鄰韻字	元	門	鄰韻字
先	單 年 淵	本韻字	蕭	朝	鄰韻字	陽	王 羌	本韻字
庚	城	鄰韻字	尤	酋	本韻字	麌	虜	鄰韻字
梗	永	本韻字	齊	帝 桂	本韻字	願	建	本韻字
嘯	詔	鄰韻字	屋	福	本韻字	錫	歷 曆	本韻字

亭林先生之苦節苦心，埋沒多年，至今始覓得知音，亦因此文之作，使世人對亭林先生之瞭解，有更深層的認識。

二、亭林詩鉤沉

此文作於《亭林詩發微》之後，因作者發現署名荀羕校寫的《亭林集外詩附詩集校文》較其先前所發現的《蔣山傭詩集》多二卷，爲六卷本。且其中凡虞支諸韻目字，逕作胡夷，未作隱語，當爲元鈔稿本。並將之與〈發微〉一文中的韻目式隱語相對照，如東代隆、支代夷、虞代胡等均大致不誤，此項發現正可以證明，「隱語」之形式實普遍存在於明末清初漢人學者創作之中，亦是作者「索隱派紅學」的重要輔證。

因荀校本之出現，對亭林詩旨之闡微，文字之校對，隱語之解謎，均有正面之助益。否則其丹心苦語，將永埋於爛紙昏墨之中，其對賣國召讎的深惡痛絕，續興漢室，捍衛道統的昭義耿誠，均將化爲灰燼，與木同朽。作者有感其餘烈，悲其畢生靡訴之衷，因於清室文字獄之酷行，幽隱莫發，未能快然一吐於當世，乃決定爲之校注，還原本來之面貌，使後世之讀者能「接先生之音辭，想先生之心志」。

全文，前有短序，後附諸家的題記，蒐集荀羕、孫毓修、徐嘉、朱記榮、卓爾堪五家之題記。正文亭林詩鉤沉分上下二編，上編有〈千官〉〈感事〉等詩廿三首，下編分六卷，共有〈大行皇帝哀詩〉〈京口即事〉等詩九十六首。其校勘之法，試舉一詩以明之。

聞詔荀校：表哀詩後。原鈔本同。朱校：旃蒙作噩。在表哀後。孫校作聞嘯。注云：嘯作詔。

聞道今天子，中興自福州。二京皆望幸，四海願同仇。滅虜朱校滅虜作□□。孫校虜作釁。須名將，尊王朱校作主。仗列侯。殊方孫校作支方傳尺一，不覺淚頻荀校作頗。流。

三、亭林隱語詩覈論

此篇文章之重點有二：一以駁辯饒宗頤先生於《文學世界清詩研究專號》中所發表的一篇顧亭林詩論的文章，饒氏言：「……友人潘重規教授曾寫〈亭林詩發微〉一篇，謂孫氏校補所用的『鈔本《蔣山傭詩集》，確是出於亭林先生的原稿，其中有許多隱語，叫人乍看，茫然不知所謂，原來亭林先生運用許多韻目，代替他要隱諱的字眼。』這一說法，是很有問題的。因荀氏所見的六卷原鈔稿本，實如上文所錄，並無隱諱。荀氏又言，潘次耕初刻本與原鈔本同，那麼，這些用韻目來代替，不但不出於亭林自己，亦非出於潘耒；而是出於傳錄《蔣山傭詩集》的人，究不知誰氏。」作者以原刻初印本《亭林詩集》中之資料反駁其說，以爲「〈雲南舉兵〉和〈陳洪範〉二條，簡直是公開反抗的口吻。所以必須用隱語遮蔽，最可能是出於亭林先生自己的手法。其他韻目字或是出於亭林先生，或是潘耒仿照亭林先生的辦法，雖然還無法確定，但總不會如饒先生所說：『……而是出於傳錄《蔣山傭詩集》的人，究不知誰氏』」。

另一重點乃針對《新編亭林詩文集》提出數點意見，如所據稿本之來歷未作清楚說明，潘耒手鈔原本詩稿與荀校本是一或二，亦未提出說明，並舉出該書於排印、標點、校勘、輯佚四方面之錯誤。

四、亭林元日詩表微

此文旨在解決〈元日詩〉之詩旨，其詩：

元日 昭陽單閼

平明遙指五雲看，十九年來一寸丹。合見文公還晉國，應隨蘇武入長安。驅除欲淬新硎劍，拜舞思彈舊賜冠。更憶堯封千萬里，普天今日望王官。

此詩作於康熙二年，若以崇禎年算之當三十六年，桂王永曆算之十七年，均非十九年，又亭林未作清官，何來「賜冠」。作者提出二個重要見解對詩意之疏通有決定性的幫助：所謂十九年爲唐王隆武十九年，原抄本之詩題亦作「十九年元旦」，因未奉當代正朔，乃將之刪除。又唐王享祚二年，早亡於順治三年，亭林爲何要偏用隆武紀年？作者由詩題：「隆武二年八月，上出狩，未知所之。」和《亭林餘集·文林郎貴州道監察御史王君墓誌銘》中發現，唐王是出亡而非被害，是失踪而非死亡，亭林無時無刻希望著唐王出現，來完成其渴望的中興事業。又唐王隆武朝曾授亭林兵部職方司主事一職，則「賜冠」一事亦可解。亦因於上敘發現之成立，此詩不再晦澀，而湧現出亭林其堅決遵守明朝正朔、反清復明的決心，展現其堅毅圖存，戮力為國的精神氣節。

五、亭林詩文用南明唐王隆武紀年考

此文是繼〈亭林元日詩表微〉之後，針對亭林未用清朝正朔，而用唐王隆武年號之問題，再提出論證，並將此重要發現，推及亭林其他詩文，均能獲完滿的解答，而更確定此發現之重要性。「猶看正朔在，未信江山改」，亭林不使正朔斷絕，一心復興明室之心，昭然若揭，讀亭林之詩，明亭林之志，知我華夏歷刼永存的民族韌性，正昭灼辭翰之中。

六、朝鮮李朝著述中反清復明之思想

「朝鮮李朝，奉明為宗國，鄙清為夷狄。明亡後，在宮中設立大報壇，每年皆致祭明太祖、神宗、毅宗三帝，對崇禎殉國，尤為哀悼。故自明亡後，朝鮮著述碑刻多仍奉明正朔，厥意最著明於朴趾源之《熱河日記》。」此一段文字實為本文發展之重要前提，亦因於此前提之成立，往下據引《熱河日記》中部分文字，以明其中奉明正朔，反清復明之思想。如

〈渡江錄〉首題「後三庚子，我聖上四年（清乾隆四十五年）六月二十四日辛未。」前綴序中亦言「崇禎百五十六年癸卯洌上外史題」，〈行在雜錄〉序云：「嗚呼！皇明，吾上國也。」足見朝鮮士大夫對明室眷念之深，對滿清敵愾之切。又如〈關內程史〉云：

余居白門時，爲崇禎紀元後一百三十七年三周甲申也。三月十九日，乃懷宗烈皇帝殉社之日。鄉先生與同閈冠童數十人詣城西宋氏之僦屋，拜尤庵宋先生之遺像，出貂裘撫之，慷慨有流涕者。還至城下，搤腕西向而呼曰：「胡！」鄉先生爲旅酬，設薇蕨之菜。時禁酒，以蜜水代酒，盛畫磁盆，盆之款識曰：「大明成化年製。」旅酬者必俯首視盆中，爲不忘春秋之義也。

〈馹汛隨筆・序〉云：

我東人士初逢自燕還者，必問曰：「君行第一壯觀何物也？」……上士則愀然易容而言曰：「都無可觀。」「何謂都無可觀？」曰：「皇帝也薙髮、將相大臣百官也薙髮、士庶人也薙髮，雖功德侔殷周，富強邁秦漢，自生民以來，未有薙髮之天子也。雖有陸隴其李光地之學問，魏禧汪琬王士澂之文章，顧炎武朱彝尊之博識，一薙髮，則胡虜也。胡虜則犬羊也，吾於犬羊也何觀焉！」此第一等義理也，談者嘿然，四座肅穆。

由此述二條資料可見朝鮮文人對滿清之排斥和對薙髮的憎惡，漢族文士於漢清高壓統治下，隱藏心中的心聲，欲吐而不敢吐的隱語，賴朝鮮人替我言，不亦快哉！

七、顧亭林詩自注發微

《亭林詩集》出自亭林生前手訂，開卷第一篇是〈大行哀詩〉，顯然寓有「國亡而後詩作」的深意。此詩集自非吟風弄月的篇章，是國亡後精神生命的寄託，是國亡後不容眞史存在，而以詩文代替的眞史。以隱微的詩語來傳達國亡的史實。「史亡詩作，正是以詩代史，以詩存史，亭林以亡國之人，寫亡國之詩，存亡國之史。他的詩是民族精神的象徵，是國家命脈的延續，是保國復國的號角和火種。其詩集以大行哀詩爲首之意義在此。」亭林十四歲參加復社文會，據詩文集序中記載，其卅歲以前已詩名甚藉，而明亡時亭林卅二歲，其詩集中竟無一首其早年之作，作者據此推證「此必亭林立志以詩爲史，故毅然自刪其少作。如編次出自子弟門人，即亡國以前之作品，豈有不加收錄而一概刪削之理。蓋亭林立志以詩爲史，用意在喚起民衆，反抗敵人。」

肯定上述論證，再反觀清室文字獄誅戮之酷烈，以詩爲史，自困難重重，亭林自不得不將觸犯禁忌的文字加以隱諱，其《日知錄》卷十九條「古文未正之隱」正昭告後世讀者，其以隱語寫史詩之微言意旨。

亭林身遭二次文字之禍，雖倖免於難，然其摯友吳炎、潘檉章都慘遭誅戮。作者細讀亭林詩自注之後，發現亭林先生是用注釋作掩護，暗中糝和許多不便或不能明說的隱事隱衷，是一種很巧妙的表達技術。作者言：「亭林詩用典極富，恐人不能明其詩意，此固亭林自加注語之原因，而亭林則於普通注釋之形式中，更藉注釋以表達其隱衷隱事。即以普通注釋之面貌，掩護其特殊寫作之目的，冀得脫敵人之禁網，以伸其志於天下後世。」然而其詩集注語，隨意落筆，並無完例，也不完備，因其作注，意在掩護，以傾訴後世之讀者，欲讀亭林詩者，應深刻體會其苦心，玩索其微意。

八、亭林先生獨奉唐王詩表微

「與君共三人（自注：其一歸高士祚明），獨奉南陽君」，此亭林歸心唐王之宣誓。作者以其於〈亭林詩文用南明唐王隆武紀年考〉的研究基礎，對〈聞詔〉〈李定自延平歸齎至御札〉〈海上〉〈大漢行〉〈哭楊主事延樞〉〈哭顧推官〉〈哭陳大僕子龍〉〈吳興行贈歸高士祚明〉〈賦得越鳥巢南枝用枝字〉〈將有遠行作時猶全越〉〈元日〉〈贈于副將元凱〉

〈剪髮〉〈恭謁孝陵〉〈贈萬舉人壽祺〉〈贈路舍人澤溥〉〈隆武二年八月……(略)有作〉〈出郭〉〈旅中〉〈十九年元旦〉等詩作彙注與闡微，試舉一詩，以明其旨。

元日

霿雪晦夷辰，麗日開華始。窮陰畢除節，復旦臨初紀。夷曆元日，先大統一日。行宮刊木間，華路山林裏。雲氣誰得窺，眞龍自今起。天王未還京，流離況臣子。奔走六七年，率野歌虎兕。行行適吳會，三徑荒不理。鵬翼候扶搖，鯤鬐望春水。積齡尚未衰，長策無終止。

此首朱刻本、荀校、孫校均有，潘刻本、徐注本無。此詩作於順治十八年(西元一六六一)辛丑，實亭林心目中之隆武十七年。是年先生年四十九。此詩行宮、蹕路等，《彙注》皆以永曆帝當之。如歷引《小腆紀年．永曆紀》：「順治十六年己亥夏四月，移蹕至者梗，庶僚之貧者飢寒藍縷，大臣有三日不舉火者。」《野史無文．永曆皇帝兵敗入緬甸土司紀事》：「進至地名者梗，緬民每日貿易如市，我大臣等皆短衣跣足，混入民婦之內互相交易。緬官譏曰：原來天朝大臣如此規矩禮貌，安有不失天下者乎？」又天王未還京注云：《小腆紀年》：「順治十八年春正月辛亥朔，明桂王在緬甸之者梗。」

規案：《彙注》引時事釋詩，皆與亭林心事不相應。亭林所注心者唯唐王，此詩仍爲寄望唐王之作。「行宮刊木間，輦路山林裏」，此言唐王出亡之事。「雲氣誰得闚，眞龍自今起，」言唐王即將復出。「天王未還京，流離況臣子」，言唐王猶蒙塵在外，臣子安得免流離之苦。「奔走六七年，率野歌虎兕，行行適吳會，三徑荒不理」，亭林自言辛苦追尋唐王之意。率野、奔走，皆所以訪尋唐王也。亭林順治五年（一六四八）將遠行作：「去秋闚大海，今冬浮五湖，長歎天地間，人區日榛蕪。出門多蛇虎，局促守一隅。杖策當獨行，未敢憚羈孤。願登廣阿城，一覽輿地圖。回首八駿遙，悵然臨交衢。」即已蓄志追尋唐王。至順治七年（西元一六五〇）作剪髮詩：「流轉吳會間，何地爲吾土，登高望九州，極目皆榛莽。」「稍稍去鬢毛，改容作商賈。」即削髮改容，欲遠尋唐王。故云：「浩然思中原，誓言向江滸，功名會有時，杖策追光武。」及順治十四年（西元一六五七），先生四十五歲，始離鄉北游，同人餞之，先生追尋唐王之意，迄未少衰，故此詩末云：「鵬翼候扶搖，鯤鬐望春水，頹齡尙未衰，長策無終止。」言待時運之至，年歲未衰，追求永無終止。長策，即「杖策當獨行」、「杖策追光武」之策，猶羲和馭日之鞭，永無中止也。《彙注》引漢書王吉傳「未有建萬世之長策」，以解「長策無中止」，失亭林之心意矣！觀二年後元旦詩，亭林之心志愈明。

參、學術成果推介

肆、潘重規教授著作簡目

一、專書目錄

1.《紅樓血淚史》，台北：東大出版，三民總經銷，一九九六年。
2.《敦煌壇經新書》，台北：佛陀教育基金會，一九九四年。
3.《敦煌變文集新書》，台北：中國文化大學中文研究所，一九八三年、一九八四年；又台北：文津出版社，一九九四年。
4.《紅學論集》，台北：三民書局，一九九二年。
5.《亭林詩考索》，台北：東大出版，三民總經銷，一九九二年。
6.《紅學六十年》，台北：三民書局，一九九一年。
7.《紅樓夢新解》，台北：三民書局，一九九〇年。
8.《中國文字與民族精神》（主講），台北：國立資料教育館，一九八八年。

9. 《校定本紅樓夢》（主編），台北：中國文化大學中國文學研究所，一九八三年。
10. 《校定本紅樓夢札記》（主編），台北：中國文化大學中國文學研究所，一九八三年。
11. 《敦煌詞話》，台北：石門圖書公司，一九八一年。
12. 《中國聲韻學》（與陳紹棠合著），台北：東大出版，三民總經銷，一九八一年。
13. 《敦煌變文論輯》（編），台北：石門圖書公司，一九八一年。
14. 《龍龕手鑑新編》（主編），台北：石門圖書公司，一九八〇年。
15. 《敦煌唐碑三種》（編），台北：石門圖書公司，一九七九年。
16. 《敦煌俗字譜》（主編），台北：石門圖書公司，一九七八年。
17. 《中國文字學》，台北：東大出版，三民總經銷，一九七七年。
18. 《敦煌雲謠集新書》，台北：石門圖書公司，一九七七年。
19. 《國立中央圖書館藏敦煌卷子》（編），台北：石門圖書公司，一九七六年。
20. 《列寧格勒十日記》，台北：學海出版社，一九七五年。
21. 《中國古代短篇小說選注》（主編），台北：學生書局，一九七四年。
22. 《樂府詩粹箋》，台北：學海出版社，一九七四年。
23. 《瀛涯敦煌韻輯新編》，香港：新亞研究所，一九七二年；又台北：文史哲出版社，一九七四年。

24.《瀛涯敦煌韻輯別錄》，香港：新亞研究所，一九七二年；又台北：文史哲出版社，一九七四年。

25.《錢謙益投筆集校本》，台北：文史哲出版社，一九七三年。

26.《敦煌詩經卷子研究論文集》，香港：新亞研究所，一九七〇年。

27.《唐寫文心雕龍殘本合校》，香港：新亞研究所，一九七〇年。

28.《廣韻譜》（編），香港：新亞書院，一九六一年。

29.《文字學論著初集》（新亞書院學術年刊新亞學報抽印本）出版年月不詳。

二、論文目錄

〈Colloquial Refinement Accomplished in the Dream of the Red Chamber〉，潘重規，王去瑕譯紅樓夢研究專刊，八期，民五十九年九月，頁一—八

〈中國古代短篇小說選注引言〉，潘重規，華學月刊，六十五期，民六十六年五月，頁八—一〇

〈中韓思想道義的結合〉，潘重規講，華學月刊，六十八期，民六十六年八月，頁三九—四

〇

〈今日紅學〉，潘重規，紅樓夢研究專刊，七期，民五十九年五月，頁一一一—一一七

〈巴黎倫敦所藏敦煌詩經卷子題記〉，潘重規，新亞書院學術年刊，十一期，民五十八年九月，頁二五九—二九〇

〈王烟客手鈔錢謙益初學集考〉，潘重規，新亞書院學術年刊，十二期，民五十九年九月，頁一—一八

〈王烟客手鈔錢謙益初學集考〉，潘重規，華學月刊，三十期，民六十三年六月，頁九—二三

〈母校師恩〉，潘重規，中外雜誌，三十卷五期，民七十年十一月，頁七八—八五

〈甲戌本石頭記覈論〉，潘重規，新亞書院學術年刊，十四期，民六十一年九月，頁一七一—二〇五

〈我國在列寧格勒的國寶〉，潘重規，幼獅月刊，三十八卷六期，民六十二年十二月，頁二—三

〈長興四年中興殿應聖節講經文新書〉，潘重規，木鐸，八期，民六十八年十二月，頁一—二八

〈怎樣學詩〉，潘重規，文學思潮，二期，民六十七年九月，頁一七九－一八二
〈紅樓夢口語化的完成〉，潘重規，文藝復興，一卷七期，民五十九年七月，頁二一－二三
〈紅樓夢口語化的完成〉，潘重規，紅樓夢研究專刊，八期，民五十九年九月，頁一－四
〈紅樓夢的發端〉，潘重規，新亞書院學術年刊，十三期，民六十年九月，頁八一－九七
〈紅樓夢的發端〉，潘重規，紅樓夢研究專刊，九期，民六十年十一月，頁一－一九
〈紅樓夢的新觀點和新材料〉，潘重規，春秋，十六卷六期，民六十一年六月，頁五－九
〈紅樓夢避諱考〉，潘重規，大成，六十九期，民六十八年八月，頁二八－三〇
〈紅樓夢舊鈔本知見述略〉，潘重規，書目季刊，十卷一期，民六十五年六月，頁一七－三

二

〈「紅學」五十年〉（紅樓夢），潘重規，學粹，十五卷五期，民六十二年八月，頁七－一一
〈紅學六十年〉，潘重規，幼獅月刊，四十卷一期，民六十三年七月，頁二一－二五
〈紅學六十年〉，潘重規，紅樓夢研究專刊，十一期，民六十三年十二月，頁一－一一
〈倫敦藏斯二七二九號暨列寧格勒藏一五一七號敦煌卷子毛詩音殘卷綴合題記〉，潘重規，
新亞學報九卷二期，民五十九年九月，頁一－四八
〈師十駕齋藏詞選題記〉，潘重規，國立中央圖書館館刊，九卷一期，民六十五年六月，頁

六四—六六

〈書生本色——壽曉峰張先生〉，潘重規，中外雜誌，二十八卷六期，民六十九年十二月，頁一三—一七

〈訓詁述略〉，潘重規，木鐸，一期，民六十一年九月，頁一一—一五

〈訓詁漫談〉，潘重規，幼獅月刊，四十八卷六期，民六十七年十二月，頁二〇—二一

〈從敦煌遺書看佛教提倡孝道〉，潘重規，華岡文科學報，十二期，民六十九年三月，頁一九七—二六七

〈敦煌「不知名變文」新書〉，潘重規，敦煌學，四期，民六十八年七月，頁一四—二七

〈敦煌卷子俗寫文字與俗文學之研究〉，潘重規，孔孟月刊，十八卷十一期，民六十九年七月，頁三八—四六

〈《敦煌俗字譜》序〉，潘重規，華學月刊，九十五期，民六十八年十一月，頁一一—一四

〈敦煌唐人陷蕃詩集殘卷校錄〉，潘重規，幼獅學誌，十五卷四期，民六十八年十二月，頁一—一二

〈敦煌雲謠集之研究——中國第一部「詞的總集」之發現與整理〉，潘重規講，中華文化復興月刊，十卷五期，民六十六年五月，頁二—五

〈敦煌詩經卷子之研究〉，潘重規，華岡學報，六期，民五十九年二月，頁一—二〇

〈敦煌詩經卷子拾零〉，潘重規，敦煌學，四期，民六十八年七月，頁九—一三

〈《敦煌詩經卷子研究論文集》序〉，潘重規，木鐸，三／四，民六十四年十一月，頁二一—二五

〈《敦煌詩經卷子研究論文集》序〉，潘重規，華學月刊，五十二期，民六十五年四月，頁一—三

〈敦煌寫本衆經別錄之發現〉，潘重規，敦煌學，四期，民六十八年七月，頁六九—八八

〈敦煌寫本衆經別錄之發現〉，潘重規，華學月刊，九十七期，民六十九年一月，頁一八—二七

〈敦煌賦校錄〉，潘重規，華岡文科學報，十一期，民六十七年一月，頁二七五—三〇三

〈敦煌學的現況和發展〉，潘重規，華學月刊，十九期，民六十二年七月，頁一—六

〈敦煌學的瞻望與創新〉，潘重規講，華學月刊，六十九期，民六十六年九月，頁三三—三六

〈敦煌學研究論著目錄分類索引序〉，潘重規，文藝復興，一一一期，民六十九年四月，頁二五—二六

〈敦煌學第一輯發刊辭〉，潘重規，華學月刊，三十四期，民六十三年十月，頁二一—二二
〈敦煌變文集四獸因緣訂正〉，潘重規，大陸雜誌，五十九卷四期，民六十八年十月，頁一—三
〈敦煌變文新論〉，潘重規，幼獅月刊，四十九卷一期，民六十八年一月，頁四一—四八
〈敦煌變文與儒生解經〉，潘重規，靜宜學報，四期，民七十年六月，頁一一—一三
〈答趙岡先生「紅樓夢稿諸問題」〉，潘重規，學粹，十五卷四期，民六十二年六月，頁八—一二
〈答趙岡先生紅樓夢稿諸問題〉，潘重規，紅樓夢研究專刊，十期，民六十二年七月，頁六七—七六
〈黃季剛師和蘇曼殊的文字因緣〉，潘重規，大成，二十八期，民六十五年三月，頁四四—四七
〈補全唐詩新校〉，潘重規，華岡文科學報，十三期，民七十年六月，頁一七一—二二七
〈敬悼戴密微(Paul Henri Demieville,一八九四—一九七九)先生——附戴密微先生著作目錄一五—二二頁〉，潘重規，世界華學季刊，一卷一期，民六十九年三月，頁七—二二
〈敬悼戴密微先生（Paul Henri Demieville,一八九四—一九七九）〉，潘重規，敦煌學，

四期，民六十八年七月，頁一—八

〈詩經研究略論〉，潘重規，孔孟月刊，十九卷十一期，民七十年七月，頁九—一四

〈認識孔子〉，潘重規，孔孟月刊，十三卷二期，民六十三年十月，頁九—一一

〈劉勰文藝思想以佛學爲根柢辨〉，潘重規，幼獅學誌，十五卷三期，民六八年六月，頁一〇〇—一一一

〈寫在「新編紅樓夢脂硯齋評語輯校」後〉，潘重規，紅樓夢研究專刊，十期，民六十二年七月，頁九二—九四

〈談禮教〉，潘重規，孔孟月刊，十六卷十二期，民六十七年八月，頁四七—五〇

〈論紅樓夢的避諱〉，潘重規，幼獅月刊，四十八卷一期，民六十七年七月，頁一四—一六

〈龍龕手鑑新編引言〉，潘重規，文藝復興，一一九期，民七十年一月，頁一一—一六

〈瀛涯敦煌詞話〉，潘重規，華學月刊，九十八期，民六十九年二月，頁一七—一九

〈《瀛涯敦煌韻輯》新編序〉，潘重規，木鐸，二期，民六十二年十一月，頁三一—四七

〈瀛涯敦煌韻輯別錄〉，潘重規，新亞學報，一〇：一(下)，民六十二年七月，頁一—九二

〈瀛涯敦煌韻輯拾補〉，潘重規，新亞學報，一一(上)，民六十三年九月，頁三七—四八

〈《瀛涯敦煌韻輯》新編序〉，潘重規，中華學苑，十二期，民六十二年九月，頁一九—三

六

〈「關於紅樓夢的作者和思想問題」答余英時博士〉，潘重規，紅樓夢研究專刊，十一期，民六十三年十二月，頁五九—七一

〈韻學碎金〉，潘重規，幼獅學誌，十四卷二期，民六十六年五月，頁三八—四一

〈蘄春黃先生《古韻譜稿》跋〉，潘重規，大陸雜誌，六十卷四期，民六十九年四月，頁二七

〈蘄春黃季剛先生譯拜輪詩稿讀後記〉，潘重規，中華詩學，七卷二期，民六十一年八月，頁四—一〇

〈《顧詩講義續補》序〉，潘重規，大陸雜誌，五十九卷五期，民六十八年十一月，頁二四

〈讀列寧格勒紅樓夢抄本記〉，潘重規，紅樓夢研究專刊，十一期，民六十三年十二月，頁一二一—一三三

〈讀紅樓夢論集答趙岡先生〉，潘重規，幼獅月刊，四十三卷三期，民六十五年三月，頁二五—二九

〈讀「乾隆抄本百廿回紅樓夢稿」〉，潘重規，學粹，十五卷六期，民六十二年十月，頁四—九

〈讀錢牧齋投筆集〉，潘重規，華學月刊，二十九期，民六十三年五月，頁一—五

〈變文雙恩記校錄〉，潘重規，幼獅學誌，十六卷一期，民六十九年六月，頁一六—五〇

〈變文雙恩記試論〉，潘重規，新亞書院學術年刊，十五期，民六十二年九月，頁一—八一

〈十年辛苦校書記——乾隆抄一百二十回〈紅樓夢〉稿校定本的誕生〉，潘重規，中國古典小說研究專集四期，民七十一年四月，頁一七九—二〇〇

〈中國文字與民族精神〉，潘重規，臺灣教育，四二八期，民七十五年八月，頁七—九

〈中國古代最偉大的新聞記者（司馬遷）〉，潘重規，報學，七卷二期，民七十三年六月，頁一七三—一七七

〈孔門詩教初講〉，潘重規，孔孟月刊，廿五卷十二期，總號三〇〇，民七十六年八月，頁一四—一六

〈「王梵志詩校輯」讀後記〉，潘重規，敦煌學，九期，民七十四年一月，頁一五—三八

〈朱子說詩前後期之轉變〉，潘重規，孔孟月刊，二十卷十二期，民七十一年八月，頁一七—一九

〈我探索紅樓夢的歷程〉，潘重規，國文天地，三期，民七十四年八月，頁七二—七九

〈我接觸到五四學人以後的省思〉，潘重規，文訊月刊，四期，總號四三，民七十八年五月，

頁三一—三三

〈東洋學國際學術會議的幾點建議〉，潘重規，漢學研究通訊，五卷一期，總號一七，民七十五年三月，頁一〇—一一

〈長興四年中興殿應聖節講經文讀後記〉，潘重規，敦煌學，十四期，民七十八年四月，頁一—七

〈亭林先生獨奉唐王詩表微〉，潘重規，東吳文史學報，六期，民七十七年一月，頁一六七—一九二。附：琉球寶案，頁一八八—一九二

〈師門風義（黃季剛屈身事凶隱情）〉，潘重規，東吳文史學報，八期，民七十九年三月，頁一—一二

〈書評《法國國家圖書館藏敦煌寫本目錄第一冊》〉，潘重規，敦煌學，十期，民七十四年十月，頁五七—五八

〈國立中央圖書館所藏敦煌卷子影印流通的貢獻〉，潘重規，漢學研究通訊，一卷一期，民七十一年一月，頁一—三

〈張曉峰先生對敦煌學之啓導〉，潘重規，敦煌學，十期，民七十四年十月，頁一—一八

〈從曹雪芹的生卒年談紅樓夢的作者〉，潘重規，國文天地，十卷四期，總號一一二，民八

十三年九月，頁一〇三—一〇九

〈敦煌六祖壇經讀後管見〉，潘重規，中國文化，七期，民八十一年十一月，頁四八—五五

〈敦煌王梵志詩新探〉，潘重規，漢學研究，四卷二期，總號八，民七十五年十二月，頁一一五—一二八

〈敦煌卷子俗寫文字之整理與發展〉，潘重規，敦煌學，十七期，民八十年九月，頁一—一〇

〈敦煌押座文後考〉，潘重規，華岡文科學報，十四期，民七十一年六月，頁七九—一〇〇

〈敦煌唐人陷蕃詩集殘卷作者的新探測〉，潘重規，漢學研究，三卷一期，總號五，民七十四年六月，頁四一—五四，附：唐懷素自敘帖等，頁五〇—五三

〈敦煌唐人陷蕃詩集殘卷研究〉，潘重規，敦煌學，十三期，民七十七年六月，頁七九—一一一

〈敦煌寫本「六祖壇經」中的「獦獠」〉，潘重規，中國唐代學會會刊，三期，民八十一年十月，頁一—一一

〈敦煌寫本六祖壇經中的「獦獠」〉，潘重規，中國文化，九期，民八十三年二月，頁一六二—一六八

〈敦煌寫本秦婦吟新書〉，潘重規，敦煌學，八期，民七十三年七月，頁一—七三，附論：韋莊諱刪秦婦吟原因綜述，頁六六—七二

〈敦煌寫本最完整的一篇講經文的研究〉，潘重規，孔孟月刊，二十八卷一期，總號三三五，民七十八年九月，頁二二—二六

〈《敦煌學研究論著目錄》序〉，潘重規，漢學研究通訊，六卷二期，總號二二，民七十六年六月，頁六一—六二

〈敦煌變文集新書引言〉，潘重規，敦煌學，五期，民七十一年九月，頁六三—六九

〈黃侃傳〉，潘重規，國史館館刊，四期，民七十七年六月，頁一九七—二〇一

〈瑞安林景伊先生逝世周年紀念論文集〉，潘重規等，木鐸，十期，民七十三年六月，頁三—三四

〈「經典釋文韻編」成書記〉，潘重規，國文天地，七卷九期，總號八一，民八十一年二月，頁五八—六〇

〈詩經文學與唐代社會詩人〉，潘重規，孔孟月刊，二十三卷十二期，總號二七六，民七十四年八月頁一一—一四

〈詩經興義的新觀察〉，潘重規，孔孟月刊，廿二卷十二期，總號二六四，民七十三年八月，

頁六一一

〈劉彥和佐僧祐撰述考〉，潘重規，史學彙刊，十三期，民七十三年九月，頁九一二〇

〈劉彥和佐僧祐撰述考〉，潘重規，新亞學報，十五期，民七十五年六月，頁二七一四八

〈儒家禮學的精義〉，潘重規，慧炬，二四八／二四九，民七十四年三月，頁二八一三三

〈龍宇純英倫藏敦煌切韻殘卷校記拾遺〉，潘重規，華岡文科學報，十五期，民七十二年十二月，頁一七七一二一三

〈龍龕手鑑及其引用古文之研究〉，潘重規，敦煌學，七期，民七十三年一月，頁八五一九六

〈龍龕手鑑與寫本刻本之關係〉，潘重規，敦煌學，六期，民七十二年六月，頁八七一九八

〈簡談幾個敦煌寫本儒家經典〉，潘重規，孔孟月刊，二十四卷十二期，總號二八八，民七十五年八月，頁二一一二四

〈顧亭林詩自注發微〉，潘重規，木鐸，十二期，民七十七年三月，頁一一一一

〈讀《雲謠集考釋》〉，潘重規，敦煌學，十一期，民七十五年七月，頁五九一六六

〈讀項楚著《敦煌變文選注》〉，潘重規，敦煌學，十六期，民七十九年九月，頁一一八